HIRZEL *Menu*
Opera al dente

*"Essen, Liebe, Singen und Verdauen,
das sind – in Wahrheit gesprochen – die vier Akte
der komischen Oper, die 'Das Leben' heißt und vergeht,
wie der Schaum einer Flasche Champagner.
Wer sie verrinnen läßt, ohne sie genossen zu haben,
ist ein vollendeter Narr."*
GIOACCHINO ROSSINI

*"Nur das Sinnliche ist auch sinnig:
Das Unsinnliche ist auch unsinnig."*
RICHARD WAGNER

Stefan G. Wolf

Opera al dente

Streifzug durch die Opernküche

S. HIRZEL VERLAG
STUTTGART · LEIPZIG 1999

Impressum

Ein Markenzeichen kann warenrechtlich geschützt sein, auch wenn ein Hinweis auf etwa bestehende Schutzrechte fehlt

Die Deutsche Bibliothek – CIP-Einheitsaufnahme

Wolf, Stefan G.

Opera al dente : Streifzug durch die Opernküche / Stefan G. Wolf. - Stuttgart ; Leipzig : Hirzel, 1999

(Hirzel Menu)

ISBN 3-7776-0931-5

Jede Verwertung des Werkes außerhalb der Grenzen des Urheberrechtsgesetzes ist unzulässig und strafbar. Dies gilt insbesondere für Übersetzung, Nachdruck, Mikroverfilmung oder vergleichbare Verfahren sowie für die Speicherung in Datenverarbeitungsanlagen.

© 1999 S. Hirzel Verlag

Birkenwaldstraße 44, 70191 Stuttgart

Printed in Germany

Einbandgestaltung und Innentypografie: de'blik, Berlin

Titelfoto von Klaus Hennig-Damasko, Stuttgart

Druck: Gulde Druck GmbH, Tübingen

Einstimmen
    Ein Appetithappen 13

Ouvertüre
    Einmal quer durch die Partitur 17
»*Lassen sie uns nicht verschmachten*« 17
JULES MASSENET: MANON
    Die Einsamkeit des Kochs beim Soufflé 21
»*Nun laßt uns gütlich tun*« 23
GIUSEPPE VERDI: DIE MACHT DES SCHICKSALS
»*Nimm halbes Pfund goldenen Sirup*« 27
HANS WERNER HENZE: DER JUNGE LORD
»*Ich will meine Brocken blasen*« 29
WOLFGANG AMADEUS MOZART: DIE ZAUBERFLÖTE
    Die meiste Oper, die meiste Speise 32

1. Akt
    Das Liebesmahl 33
»*Für eine Krautsuppe laß' ich mich hängen*« 34
ADOLPHE ADAM: DER POSTILLON VON LONJUMEAU
»*Zu solcher Soße braucht's Genie*« 36
JOHANN STRAUSS: EINE NACHT IN VENEDIG
»*Borstenvieh und Schweinespeck*« 39
JOHANN STRAUSS: DER ZIGEUNERBARON
»*Bis zum Zerbersten verstopfet die Wänste*« 41
ERMANNO WOLF-FERRARI: DIE NEUGIERIGEN FRAUEN

2. Akt
    Das Arbeitsessen 45
»*Und dieser Korb hier voll schöner Sachen*« 46
GIACOMO PUCCINI: TOSCA
    Schläft ein Lied in allen Dingen 50
»*Steuermann, laß die Wacht!"*« 51
RICHARD WAGNER: DER FLIEGENDE HOLLÄNDER

»Noch etwas von dem Aal« 53
FRIEDRICH CERHA: BAAL

»Das ist ein prächtiges Souper« 56
RICHARD STRAUSS: DER BÜRGER ALS EDELMANN

    Hier wird polyglott gesungen 61

»Bleckende Zähne um mich her« 62
CARL ORFF: CARMINA BURANA

    "So nehm' ich mein Frühstück für genossen!" 66

Zwischenspiel

    Fabelhaftes Tischlein-deck-dich ..., ... 69

»Lieben Sie Kaninchenfleisch?« 69
LEOŠ JANÁČEK: DAS SCHLAUE FÜCHSLEIN

»Bohnen, Zwiebeln und herrjeh! Gar ein viertel Pfund Kaffee« 72
ENGELBERT HUMPERDINCK: HÄNSEL UND GRETEL

    Räucherfleisch statt Orden 74

»Bringet den Schweinskopf« 76
CESAR BRESGEN: DER IGEL ALS BRÄUTIGAM

»Heilender Trank und giftige Speise« 79
ENGELBERT HUMPERDINCK: DIE KÖNIGSKINDER

»Herrlich ein Gastmahl wollen wir rüsten« 81
RICHARD STRAUSS: DAPHNE

3. Akt

    Das Räubermahl 85

»Abendessen! Was gibt's?« 86
GIACOMO PUCCINI: DAS MÄDCHEN AUS DEM GOLDENEN WESTEN

»Und was hast du denn auf dem Teller?« 89
KURT WEILL: DIE DREIGROSCHENOPER

    Bei Brecht wird nicht diniert 91

»Gibt es denn nichts zu essen mehr?« 93
JAROMIR WEINBERGER: SCHWANDA, DER DUDELSACKPFEIFER

»In diesem Bauch reden tausende Zungen« 96
GIUSEPPE VERDI: FALSTAFF

    "Wie üblich die dicksten Maccaroni" 98

Danse Macabre
    Menschenskinder – zum Fressen gern 99

4. Akt
    Die Armenspeisung 103
»Die allerfeinsten Speisen« 104
GIACOMO PUCCINI: LA BOHÈME
»Ist's süß, ist's sauer? warm oder heiß?« 108
ALEXANDER VON ZEMLINSKY: KLEIDER MACHEN LEUTE
»Habt ihr nicht ein Stückchen Brot?« 113
GIOACCHINO ROSSINI: CENERENTOLA
    "Ey, wie schmeckt der Coffe süße" 115
»Labt sie mit Wasser, gebt ihnen Speise« 116
ALEXANDER BORODIN: FÜRST IGOR
    Plastikhummer und ein Löffel heiße Luft 118
*»Dem einen Buttersemmeln und dem andern
nichts als Plagen«* 119
JERRY BOCK: ANATEVKA

Finale
    Das letzte Mahl 123
»O Lasus! Dein Lammfleisch!« 124
PAUL DESSAU: DIE VERURTEILUNG DES LUKULLUS
»Möchte wissen, was du zahltest« 128
RUGGIERO LEONCAVALLO: BAJAZZO
    Ein Stern und eine süße Erinnerung: Pfirsich Melba 130
»Dieses Pilzgericht macht Tote noch lebendig« 131
SIEGFRIED MATTHUS: NOCH EIN LÖFFEL GIFT, LIEBLING?
»Erstens, vergeßt nicht, kommt das Fressen« 133
KURT WEILL: AUFSTIEG UND FALL DER STADT MAHAGONNY
»Vom Fasan hier diesen Schlegel« 136
WOLFGANG AMADEUS MOZART: DON GIOVANNI
    "Macht Musik ihr lieben Leute!" 139

Bravo! Da Capo!
    Das Festmahl *141*
»Erst das Brot, dann den Kuchen« *142*
BENJAMIN BRITTEN: ALBERT HERRING
»Zum Nachtisch wird gejodelt« *146*
ALBERTO CATALANI: DIE WALLY
»Eilt zu Tanz und Festesrauschen« *149*
GEORG FRIEDRICH HÄNDEL: JULIUS CÄSAR
    Das Rezept des Meisters: Tournedos Rossini *153*
»Richte uns ein Festmahl im Garten« *155*
GIOACCHINO ROSSINI: DIE REISE NACH REIMS
    Eine "rührende" Geschichte der Küchenarbeit *161*
»Was soll es sein? Von der Brust, vom Bein?« *162*
PAUL HINDEMITH: DAS LANGE WEIHNACHTSMAHL
    Truthahnbraten physikalisch *165*

Ausklang
»Ein Tänzchen zum Dessert« *167*
RICHARD STRAUSS: SCHLAGOBERS

Ein Fest für alle Sinne
    Über die musikalischen und kulinarischen Künste *171*

Verzeichnis der musikalischen und literarischen Namen
und Begriffe *177*
Verzeichnis der kulinarischen Namen und Begriffe *184*
Verzeichnis der Rezepte *189*
Literaturnachweise *191*

Danke

... sage ich Elvira und Thomas Schwarz, die mich auf manche musikalische und kulinarische Fährte angesetzt und zuletzt das Manuskript kritisch durchgesehen haben. Dankbar bin ich auch meiner Familie, die sich, nicht weniger kritisch, durch das entstehende Buch hindurchgehört und -gegessen hat.

Einstimmen
Ein Appetithappen

Singen macht durstig und fortschreitende Trunkenheit macht sangeslustig – dies darf als eine allgemein verbreitete Lebenserfahrung gelten. Ihren musikalisch angemessenen Ausdruck findet diese Wechselwirkung im Trinklied.
Und wo bleibt das Essen?
Nun, da man nicht mit vollem Mund spricht, um wieviel weniger sollte man da mit vollem Mund singen! Im übrigen drückt der prallgefüllte Magen auf das Zwerchfell, dessen ungehinderte Bewegungsfreiheit für das Singen unabdingbar ist. Und nach dem Singen hat man vor allem erst einmal Durst – siehe oben.
So wundert es nicht, daß das "Eßlied" in der Musikliteratur eine eher untergeordnete Rolle spielt – auch in der Oper, wo jede Menge Wasser, Wein und Bier sowie etliche Liebestränke und Giftbecher die Kehlen spülen, Protagonisten und Statisten aber ansonsten darben müssen.
Doch halt! Wer je mit hungerknurrendem Magen in der Oper gesessen hat, dem wird gleichwohl aufgefallen sein, daß auch Papageno und der Postillon von Lonjumeau nicht nur von Luft und Liebe leben. Man muß ja nicht gleich so weit gehen wie der Chor in Kurt Weills "Aufstieg und Fall der Stadt Mahagonny": "Erstens, vergeßt nicht, kommt das Fressen/zweitens kommt die Liebe dran/drittens wird das Boxen nicht vergessen/viertens Saufen so lang man kann." Oft genug aber heißt es

im Musikdrama (auch in der Operette, dem Musical, dem Ballett, die ich nicht vergessen habe): "Zu Tisch!" und das in allen Tonarten.

Das Ziel aller Wege zwischen Orchestergraben und Schnürboden ist in diesem Buch der gedeckte Tisch. Doch was wird dann auf der Bühne aufgetragen? Ein Teil der Rezepte läßt sich direkt aus der Partitur herleiten: Für die "Ginger Bread Nuts" zum Beispiel erhalten wir die gesamte Backanleitung aus dem Libretto von Hans Werner Henzes "Der junge Lord". Auch andere Rezepte sind nach allem, was auf der Bühne darüber gesungen wird, unzweifelhaft: die Krautsuppe des "Postillon von Lonjumeau" und die marinierten Austern in dem "Mädchen aus dem goldenen Westen" etwa.

Manche Gerichte lassen sich mit einem Blick auf Situation, Zeit und Ort und einer Prise Intuition erraten. Was kann das denn für eine Suppe sein, die in der "Macht des Schicksals" auf den Tisch kommt? (Spanien – Suppe: eine Sopa de ajo, eine Knoblauchsuppe, natürlich!) Was kann das für ein Pasticcio sein, das in den "Neugierigen Frauen" aufgetragen wird? (Ein Pasticcio di carne mit Kalbsleber, wie man es in Venedig liebt, keine Frage!) Und der Fasanenschlegel, den Leporello vom Tisch des Herrn entwendet, sollte (Don Juan!) nach spanischer Art zubereitet sein.

Zuweilen geht es recht üppig zu auf den Bühnenbrettern. Im "Bürger als Edelmann" von Richard Strauss wird ein viergängiges Galadiner aufgetragen, in der Anfangsszene von Jules Massenets "Manon" werden fünf Speisen serviert. An diesen und anderen Stellen habe ich mir die Freiheit genommen, eine Auswahl aus der Speisenfolge zu treffen.

Essen wie in der Oper – wenn man schon nicht so singen kann wie Caravadossi oder Mimì, so kann man doch tafeln wie sie. Und so lädt uns Don Giovanni ein: "Ha! Das Mahl ist schon bereitet!".

Nun denn – zu Tisch!

Die Rezepte sind – wenn nicht anders angegeben – für vier Personen bemessen.

Selbstverständliche Handgriffe habe ich weder angegeben noch erläutert: Daß man Fleisch wäscht und trockentupft, bevor man es würzt und gart; daß man Zwiebeln schält, bevor man sie hackt; daß man eine Backform einfettet oder mit Backpapier auslegt, bevor man den Teig hineingibt – solche und ähnliche Hinweise finden Sie bei mir nicht. (Es gibt viele gute Kochbücher, die in die Grundzüge der Küchentechniken einführen.)

Zuweilen schlage ich Erleichterungen in der Zubereitung vor, wo es sich um "Zuliefererprodukte" handelt und das Ergebnis nicht verfälscht wird: Statt ein Aspik aus gespaltenen Kalbs- und Schweinefüßen herzustellen, empfehle ich den Griff zum Geliermittel, das es in Platten oder als Pulver gibt; statt auch noch den Blätterteig für die Pastete selbst herzustellen, empfehle ich Blätterteig aus der Tiefkühltruhe. Wer will, kann das alles natürlich auch selbst herstellen (so wie ich es auch zuweilen mache).

Um Mißverständnisse zu vermeiden, schreibe ich alle Maß- und Mengenangaben aus – bis auf: TL (Teelöffel), EL (Eßlöffel), l (Liter), g (Gramm), °C (Grad Celsius). Ach ja, die Temperaturangaben: Sie verstehen sich für Elektroherd mit stiller Hitze. Beim Garen in einem Backofen mit Umluft oder einem Gasherd ziehe man zum Umrechnen die Bedienungsanleitung zu Rate.

Ouvertüre
Einmal quer durch die Partitur

Auch die Bühnenwelt ist rund, die Schauplätze sind vielfältig, die Klangfarben bunt und die Speisekarte abwechslungsreich – variatio delectat, wie die Römer sagten, und sie hatten schon damals recht. Schlagen wir die Partitur der Klänge und Düfte, der Situationen und Geschmäcker auf! Ein Entensoufflé in Amiens eröffnet eine große Tragödie, Rosinenpudding auf dem Weg nach Sevilla kann ein Leben auf der Flucht nicht versüßen. Gib dem Affen Lebkuchen! heißt es in Hülsdorf-Gotha, aber die Affen, das sind immer die anderen, um ein Wort Sartres abzuwandeln. Und Mozart, der Goethe der Musik (will sagen: ohne ihn geht's nicht), läßt im ägyptisch-mystischen Zauberflötenland ein feingedecktes Tischlein-deck-dich auf seine Bühnengestalten herab: eine Mahlzeit als Himmelsgeschenk aus dem Schnürboden.
Dunkel, Stille: die Ouvertüre beginnt.

*
»**Lassen Sie uns nicht verschmachten**«
JULES MASSENET: MANON
Oper in vier Akten
Dichtung von Henri Meilhac und Philippe Gille nach der Erzählung
"Les Aventures du Chevalier Des Grieux et de Manon Lescaut"
von Abbé Antoine-François Prévost d'Exiles
Uraufführung 1884 an der Opéra Comique, Paris

Die Geschichte, die da auf der Bühne erzählt wird: Vergessen Sie's! Für unseren Zweck brauchen wir nur die ersten Takte des ersten Bildes des ersten Aktes – also die ersten fünf Minuten der Drei-Stunden-Oper. "Bring uns Essen!" fordern Brétigny und die Seinen vom Gastwirt, kaum daß sich der Vorhang gehoben hat. Und: Essen ist ja das, was uns in diesem Buch an der Oper am meisten interessiert!

Und dennoch. Die Geschichte, die da auf der Bühne erzählt wird: Was für ein Melodram! Zwei junge Leben zwischen Kloster und Salon, zwischen Kanzel und Galeere, zwischen Gosse und Boudoir, zwischen Leidenschaft und Berechnung, eine Geschichte aus dem galanten Zeitalter des "Ancien régime" Ludwigs XV., die Abbé Antoine 1728 in den "Erinnerungen eines Mannes von Stand" niedergeschrieben hat: "Die Abenteuer des Chevalier Des Grieux und der Manon Lescaut" heißt die meisterhafte Erzählung, eine der Perlen der französischen Literatur.

Die Geschichte der kindlich-koketten Manon, die zwischen ihrer Liebe zum jungen aber armen Grafen Des Grieux und ihrem alten aber reichen Liebhaber, dem Herrn von Brétigny, zerrieben wird, im Gefängnis landet und schließlich ins französische Nouveau Orléans (dem nachmaligen New Orleans) deportiert wird, wo sie in der Ödnis elendiglich stirbt: Diese Textvorlage hatte vor Massenet schon Jacques Fromental Halévy als Ballett bearbeitet und Daniel François Esprit Auber auf die Opernbühne gebracht. Aber erst Jules Massenet gelang es, die Dichtung mit einer Musik zu verbinden, die dem Charme wie der Morbidität der Gesellschaft jener Zeit gerecht wird.

Und überdies steckt in jedem Franzosen ein Stück Massenet, wie Romain Rolland von seinen Landsleuten sagte: Graziös und elegant; auch ein wenig sentimental, ohne tief- oder gar schwermütig zu werden, einfach wegen der schönen Melodien, die zu einer solchen Stimmung aufs Notenpapier fließen.

Die Figur der Manon kann auch nur eine "romanische" Figur sein: Unschuld vom Lande und Grande Dame, rücksichtslos und gutmütig, haltlos und doch unbedingt in ihrer Liebe, deren Kraft sie selbst überfordert und deren Ziel sie nicht zu kennen scheint – "Sphynx étonnant" wie Des Grieux sie nennt, "wundersame Sphinx".

Anders als in der Textvorlage (und anders als in Giacomo Puccinis jüngerer und erfolgreicherer "Manon Lescaut") läßt Massenet sie nicht bis in die Neue Welt gelangen. Vielmehr stirbt sie bei ihm als reuige Sünderin noch auf Frankreichs Boden und in den Armen Des Grieux'. Wären doch damals in Amiens alle bei ihrer Sache geblieben: Manon bei ihrem Cousin, Des Grieux bei seiner Postkutsche und Guillot und Brétigny beim Essen.

Von solch einer Tafel und solchen Tischgenossen entfernt man sich schließlich nicht, vor allem, wenn man so darben mußte wie die beiden alten Schwerenöter.

Im ersten Bild der Oper nämlich sitzen Brétigny und Guillot mit ihren Freundinnen Poussette, Javotte und Rosette (ah, mon dieu, man riecht förmlich die Parfums der Damen) in einer Gaststätte in Amiens und rufen unisono auf Fis nach "Essen!". Sie beklagen sich: "Wir sind hungrig wie noch nie. Heda, Herr Wirt, kommen Sie! Lassen Sie uns nicht verschmachten!"

Das erinnert ein wenig an unsere Pfadfinderlager und das rhythmische Besteckklappern, mit dem wir unseren Gesang untermalt haben: "Wir haben Hunger, Hunger, Hunger..." usw. Bei Massenet hungert man wortreicher, aber ebenso unermüdlich: 33 Takte lang geht das so, bis der Wirt endlich vor die Tür tritt.

Das Gejammere dürfte freilich kräftig übertrieben sein. Wahrscheinlich gab's zum späten Frühstück nur ein wenig Hummer, kaltes Huhn und Champagner. Sei's drum. Da kommen ja schon die Küchenjungen und tragen die Speisen auf: Hors d'œuvre nach Wahl ("mit erlesenen Gewürzen"), dann Fisch und Huhn, zarte Krebse ("sie zu befeuchten Burgunder dazu"), schließlich eine Paté de canard, eine Entenpastete: "O himmlische Verheißung!"

Wenn wir bei den Hors d'œuvre schon die Wahl haben, so nehmen wir

ENTENSOUFFLÉ – *Soufflé au canard*
Als Vorspeise für 10 Personen (als leichtes Hauptgericht für 4 Personen)
FÜR DIE BÉCHAMELSAUCE:
*60 g Butter, 75 g Mehl, ¾ l Milch, 1 Zwiebel, 1 TL Thymian,
einige Pfefferkörner, Salz, Muskat*
FÜR DIE FARCE:
*250 g Brustfleisch einer jungen Ente, 30 g Butter,
Paprikapulver (scharf), 3 Eier*

Für die Béchamelsauce die Butter erhitzen, bis der Wasseranteil verdampft und die Butter klar ist. Das Mehl einrühren und mit einem Holzspachtel gut mit der Butter vermischen, dabei langsam erhitzen. Abkühlen lassen.

Die Milch erhitzen und ein wenig davon auf die Einbrenne geben, dabei gut mit einem Schneebesen durchschlagen, bis eine glatte Masse entstanden ist. Jetzt die restliche Flüssigkeit unter ständigem Rühren einfließen lassen.

Die Zwiebel mit einer Prise Salz, den zerdrückten Pfefferkörnern, dem Thymian und einer Prise Muskat in wenig Butter andünsten. Die Sauce darübergießen und 1 Stunde köcheln lassen.

Durch ein Sieb abgießen.

Das Entenfleisch kleinschneiden, mit der Butter im Mixer vollständig pürieren, durch ein Sieb streichen und mit einer Messerspitze Paprikapulver leicht würzen.

Dieses Püree in die heiße Béchamelsauce geben, Eigelbe einrühren, nachwürzen. Die Eiweiße sehr steif schlagen und unter die Masse heben.

In eine gut gebutterte hohe Auflaufform füllen und bei mittlerer Hitze (150 – 200° C) 15 Minuten aufgehen lassen.

Die Einsamkeit des Kochs beim Soufflé

Auf der Bühne wie am Küchenherd kann man sehr einsam sein. Eine heitere Arie mit Fiorituren, Rouladen und Koloraturen ist nicht minder zu werten als eine Sauce Béarnaise oder ein Soufflé. Hier wie dort hilft: erstens gewußt wie, zweitens üben.

Wenn Ihr Braten verbrannt ist, werden Sie beim nächsten Mal die Temperatur reduzieren oder ihn früher aus dem Ofen nehmen, und wenn Ihr Ragout ungenießbar scharf ist, dann geben Sie künftig nur noch eine statt drei Peperoncini dazu. Bei einem mißlungenen Soufflé werden Sie jedoch möglicherweise nie dahinterkommen, warum es zusammengefallen oder innen pampig ist.

Wichtig für ein gutes Soufflé ist: Der Eischnee muß so fest sein, daß man die Schüssel auf den Kopf stellen kann, ohne daß er herausfließt. Die Grundsauce muß ein wenig abkühlen, bevor man den Eischnee untermischt: Den Eischnee gibt man dabei auf die Sauce, dann fährt man mit der Schmalseite einer Küchenspachtel von oben nach unten durch Eischnee und Sauce und hebt die Sauce an. Dabei dreht man die Schüssel ein kleines Stück weiter. Diesen Vorgang wiederholt man so oft, bis der ganze Eischnee mit der Sauce vermischt ist. Der Eischnee darf nicht zerdrückt werden, damit sich im heißen Ofen seine Luftbläschen durch Hitze und Wasserdampf vergrößern und das Soufflé aufgehen kann. Daher darf man auch die Backofentür nicht öffnen, bevor das Soufflé fertig ist, und wenn es fertig ist, gehört es sofort auf den Tisch.

Nicholas Kurti und Hervé This-Benckhard haben 1992 ein internationales Kolloquium für molekulare und physikalische Gastronomie organisiert, das sich mit dem Thema befaßte, wie und warum Soufflés aufgehen. Danach kann man davon ausgehen, daß das Sujet jetzt theoretisch durchdrungen ist. Doch die praktische Umsetzung hängt von so vielen Imponderabilien ab, daß Sie sich dringend an die oben aufgeführten Grundregeln halten sollten.

Als Hauptgang folgt:

ROTBARSCH BRÉTIGNY – *Perche Brétigny*
FÜR DIE FÜLLUNG:
*1 trockenes Brötchen, 1 Tasse Milch, 2 Zwiebeln 2 Knoblauchzehen,
1 Bund Petersilie, 1 EL Thymian, Salz, 1 Ei*
FÜR DEN FISCH:
*1 ganzer Rotbarsch, 2 Zwiebeln, 4 Tomaten, 1 Dose Tomatenmark,
einige Gewürznelken, Salz, Stärkemehl, Butter*

Das Brötchen in Würfel schneiden und in der Milch einweichen. Abgießen und Flüssigkeit aus dem Brötchen herausdrücken. Die Zwiebeln, die Knoblauchzehen und die Petersilie fein hacken und zusammen mit dem Ei, dem Thymian und einer Prise Salz unter das Brötchen mischen. In Butter anbraten.

Den Rotbarsch von der Schwanzflosse her von den Gräten befreien (das macht vielleicht auch der Fischhändler). Den Fisch mit der Farce füllen. In einer Pfanne die Zwiebeln in Butter dünsten, die geschälten und zerkleinerten Tomaten mit dem Tomatenmark und den Nelken dazugeben, ein wenig Wasser aufgießen, durchrühren und mit Salz nachwürzen.

Den Fisch in die Sauce legen und zugedeckt bei schwacher Hitze 20 Minuten garziehen lassen.

Den Fisch auf eine Platte legen, die Sauce durch ein Sieb streichen, mit etwas Stärkemehl binden und über den Fisch gießen.

Dazu gibt es mal Pellkartoffeln aus ganz kleinen Knollen, die vor dem Servieren in brauner Butter geschwenkt werden.

*
»Nun laßt uns gütlich tun«
GIUSEPPE VERDI: DIE MACHT DES SCHICKSALS
(LA FORZA DEL DESTINO)

Oper in vier Akten
Dichtung von Francesco Maria Piave nach dem Drama "Don Alvara oder Die Macht des Schicksals" von Angelo Perez de Saavedra, Herzog von Rivas
Uraufführung 1862 am Kaiserlichen Theater, St. Petersburg
Erstaufführung einer zweiten Fassung (Textdichtung von Antonio Ghislanzoni) 1869 am Teatro alla Scala, Mailand

Wenn sich der Vorhang zum zweiten Akt hebt, dann müßten eigentlich Schwaden köstlicher Düfte von der Bühne über Orchestergraben und Parkett bis hinauf in die Ränge ziehen. Die Szene spielt in der Küche einer andalusischen Schenke, rechts im Hintergrund steht ein großer Herd mit allerlei Töpfen auf dem Feuer. Wirt und Wirtin sind schweigend beschäftigt, das Mahl herzurichten. Der Alkalde des Städtchens Hornachuelos sitzt am Feuer, Carlos di Vargas hat schon Platz genommen – als ob er die Mahlzeit nicht erwarten könnte.

Dabei hat nicht die kulinarische Neugier den Vargas hierher ins Sevillanische getrieben ("Du, der Wirt in Hornachuelos, der macht eine 1A Paella!"), sondern er sucht seine abgängige Schwester Leonore und vor allem deren dunkelhäutigen Liebhaber Alvaro, der eher versehentlich den Vater Vargas getötet hat – die Macht des Schicksals eben.

Das Schicksal muß im weiteren Verlauf der Geschichte für die unwahrscheinlichste Häufung von Unglücks- und Zufällen herhalten, welche die an unwahrscheinlichen Begebenheiten wahrlich nicht arme Opernbühne je gesehen hat. Wer Wert auf kunstvoll geknüpfte Handlungsstränge und psychologische Charakterzeichnungen legt, ist an diesem Theaterabend verkehrt. Wer sich allerdings nicht daran stört, daß zufällig losgehende Feuerwaffen ins Schwarze treffen, daß adlige Damen jahrelang unerkannt als Mönche unter Mönchen leben, Todfeinde plötzlich Freunde fürs Leben werden und die handelnden

Personen allesamt von Spanien nach Italien und wieder zurück verschifft werden (einschließlich der Nebenfiguren einer Zigeunerin, eines Maultiertreibers und eines Mönchs), wen dies alles nicht stört, der ist hier genau richtig. "Impressioni, impressioni e nient'altro" ("Eindrücke, Eindrücke und nichts anderes") war die Forderung Verdis, und nichts anderes war in Handlung und Musik beabsichtigt.

Die Landleute, Mägde und Maultiertreiber tanzen zwischen den Tischen eine Seguidilla, deren punktierter Rhythmus in lebhaftem Tempo das ganze Mahl begleitet – eigentlich keine Musik für eine geruhsame Verdauung. "Das Tagwerk ist vollbracht, nun laßt uns gütlich tun!" – so drängt es den Chor zu Tisch. Die Landleute haben gewiß schwer genug gearbeitet, um mit Recht hungrig zu sein.

Der erste Gang, den die Wirtin laut Libretto aufträgt, ist eine Suppe – wie könnte es anders sein in Spanien, wo eine Mahlzeit ohne Suppe nicht denkbar ist. Was mag das für eine Suppe sein? Na, das riechen wir sogar hier oben im 3. Rang: Natürlich ist es eine Knoblauchsuppe, für die es in jeder Region, in jedem Dorf Spaniens ein anderes Rezept gibt. Das Grundrezept für

KNOBLAUCHSUPPE – *Sopa de Ajo*
4 Weißbrotscheiben, 6 Knoblauchzehe, ¼ Tasse Olivenöl, Salz, 4 Eier

Das Weißbrot in Würfel schneiden. Den Knoblauch in Olivenöl bräunen, herausnehmen. Die Brotwürfel im Öl goldgelb rösten, etwa einen Liter heißes Wasser zugießen, salzen, aufkochen lassen und direkt vor dem Servieren die Eier unterschlagen. Wenn das Eiweiß gestockt hat, servieren.

Die Suppe ist nach dem Küchenautor Jean-Anthelme Brillat-Savarin der Trost des hungrigen Magens, aber wenn der Magen getröstet ist, kommt der Appetit. Die Wirtin von Hornachuelos hat inzwischen Reis ausgeteilt und setzt sich zu den Gästen. Wenn es in Spanien Reis gibt, dann ist das nicht nur eine Beilage, sondern (wie beim italienischen Risotto) ein komplettes Gericht. Und wenn es ein südspanisches Reisgericht ist, geben Fisch und Meeresfrüchte den Ton an.

REIS MIT MUSCHELN – *Arroz con mejillones*
*2 Dutzend Muscheln, 2 Karotten, 1 Zwiebel, 1 Seezunge, Salz,
1 Bündel Petersilie, ¼ TL Safranpulver, 1 Knoblauchzehe,
Olivenöl, 300 g Reis*

Die Muscheln waschen, den Bart entfernen, offene Muscheln wegwerfen. 2 Liter Salzwasser zum Kochen bringen, Muscheln hineingeben und 15 Minuten kochen. Abgießen. Die geöffneten Muscheln (und nur die!) aus der Schale lösen und zur Seite stellen.
Inzwischen Karotten und Zwiebeln kleinschneiden. Den Fisch waschen und mit dem Gemüse in eine flache Fischpfanne geben. Mit Wasser auffüllen, bis alles knapp bedeckt ist. 15 Minuten leise kochen. Salzen. Den Sud auffangen und den Fisch in Stücke schneiden.
Die Petersilie wiegen, den Safran und die Knoblauchzehe zerdrücken, in heißem Öl kurz andünsten, mit dem aufbewahrten Fischsud aufgießen. Wenn die Flüssigkeit kocht, den Reis dazugeben. Ab und zu umrühren und weichkochen. Vor dem Servieren die Muscheln daruntermischen, zudecken und einige Minuten ziehen lassen.
Kaum zu glauben, daß man danach noch etwas essen mag. Doch die Hauptmahlzeit der arbeitenden Bevölkerung ist in Spanien auch heute noch das Abendessen. Und so heißt es in der Regieanweisung: "Später wird ein anderes Gericht aufgetragen." Genaueres erfahren wir nicht; entweder war dem Librettisten der Appetit vergangen oder er konnte sich ganz einfach nicht entscheiden, was er dem Schankwirt auf die Speisekarte schreiben sollte. Wir sind daher so frei, den Bühnendarstellern etwas Süßes zu gönnen. Der Rosinenpudding ist eigentlich eher ein Flan und wie viele spanische Desserts ein maurisches Erbe.

ROSINENPUDDING MALAGEÑA – *Pasas malagueñas*
*¼ l Mandelmilch
(50 g Mandeln in der Küchenmaschine zerkleinern, bis die Masse fast pastös ist. Milch darübergießen und eine Stunde stehen lassen. Dann die Milch durch ein feines Sieb in einen ausreichend großen Topf abgießen und die Mandelmasse im Sieb ausdrücken.*

VARIANTE:
*50 g Rohmarzipan mit dem Schneidwerk
der Küchenmaschine zerkleinern und die Milch darübergießen.
Dann weiterverfahren wie oben.)
60 g Rosinen, 2 Eier, 120 g Zucker, 120 g Butter, 120 g Mehl,
Butter für die Form, Semmelbrösel*

Die Rosinen in Mandelmilch einweichen, dann abseihen (dabei bleibt auch von der Mandelpaste im Sieb zurück). Die Eier verschlagen, mit dem Zucker und dann mit der Butter zur Creme rühren, die Rosinen mit der Mandelpaste unterheben und zum Schluß das Mehl zugeben. In eine gebutterte, mit Semmelbröseln ausgestreute Form füllen; ich nehme dafür eine ovale irdene Form von ¾ Liter Inhalt. Bei 150°C 20 Minuten, bei 125°C weitere 60 Minuten backen. Wenn der Pudding dunkel wird, abdecken. Den Rand mit einem Küchenmesser lösen und den Pudding auf eine Platte stürzen.

"Tu das Epulis accumbere Divum" ("*Durch deine Speisen machst du Gott zum Tischgenossen*") – so lobt Carlos die Kunst der Wirtin. Freilich kann sie kein Latein, wie der Alkalde feststellt, "doch sie kocht vortrefflich!" Das "Vivat die Köchin – sie lebe!", das der Chor anstimmt, ist ein in der Opernliteratur einzigartiges Loblied auf die Kochkunst der Frauen.

Übrigens: Für das gesamte dreigängige Menü einschließlich Tischgebet hat Verdi 61 Zwei-Viertel-Takte vorgesehen, überwiegend im Tempo Allegro con vivo – macht von der Suppe bis zum Pudding eine gute Minute. Mahlzeit!

Gioacchino Rossini aß gern gut, und das reichlich. Als im Haus einer Pariser Gräfin bei einer musikalischen Soiree ein kleines Menü mit kleinen Portionen gereicht wurde, war Rossini enttäuscht. Beim Abschied gab die Gräfin der Hoffnung Ausdruck, der Meister möge doch recht bald wieder einmal bei ihr speisen. "Gern", antwortete Rossini, "wenn es Ihnen recht ist, dann sofort!"

*
»Nimm halbes Pfund goldenen Sirup«
HANS WERNER HENZE: DER JUNGE LORD
Komische Oper in zwei Akten.
Dichtung von Ingeborg Bachmann nach Wilhelm Hauffs Märchen
"Der Affe als Mensch"
Uraufführung 1965 an der Deutschen Oper, Berlin

Die Vorlage stammt aus der Märchensammlung "Der Scheik von Alexandria" des romantischen Dichters Wilhelm Hauff, das Textbuch von der Schriftstellerin Ingeborg Bachmann, und Hans Werner Henze schrieb – im Auftrag der Deutschen Oper Berlin – eine ziemlich moderne Musik dazu und schuf damit eine ungewöhnliche zeitgenössische Oper: Sie ist komisch, sie ist romantisch und sie ist durch und durch phantastisch. Daß als Zeitpunkt des Bühnengeschehens exakt das Jahr 1830 angegeben ist, gehört zur Camouflage und der Ort, das Residenzstädtchen des Herzogs von Hülsdorf-Gotha, ins Reich der Phantasie.

"Der junge Lord" ist auch die einzige Oper, in der die männliche Hauptperson kein Sänger sein muß: Sir Edgar, der Motor des ganzen Dramas, darf während der zweieinhalb Stunden dauernden Aufführung keinen einzigen Laut von sich geben! Und die Titelfigur, der junge Lord, eine ansehnliche Partie für einen Charaktertenor, enthüllt im Finale ihr wahres Wesen: Er ist ein Zirkusaffe.

Sollte Ihnen das Werk irgendwo einmal auf einem Spielplan begegnen: Anschauen!

Ingeborg Bachmann hat sich den Spaß erlaubt, ein komplettes Backrezept in ihr Libretto einzubauen, allerdings im Küchen-Kreolisch, das der Übersetzung bedarf. Der geheimnisvolle Sir Edgar hat die feine Gesellschaft von Hülsdorf-Gotha in seine Villa eingeladen, um ihr seinen Neffen, den jungen Lord eben, vorzustellen. In Erwartung der Gäste bereiten die Diener den Salon vor und tragen die Köstlichkeiten der Küche auf. Auf ihr Backwerk ist die karibische Köchin Begonia besonders stolz – vor allem, weil es sie an ihre Heimat Jamaika erinnert.

Sie tänzelt durch den Salon und lüftet das Küchengeheimnis: Zum Tee reicht man

LEBKUCHENPLÄTZCHEN – *Ginger Bread Nuts*
*250 g Zuckersirup (besser aber Honig), 250 g brauner Rohrzucker,
6 EL Ingwerpulver, 15 g kandierte Limone (ersatzweise Zitronat),
60 g Butter, 2 EL Kümmelpulver, 1 Ei, ca. 300 g Mehl*

"Nimm halbes Pfund goldenen Sirup,
zwei Unzen Butter zerschmolzen,
dann halbes Pfund bräunlichen Zucker vom Rohr
und eine Unze gestoßenen Ingwer, wohlgerührt rühren
und wieder verrühren,
und halbe Unze kandiertes Limon
klein zerschneiden,
doch nicht massakrieren.
Viertel Unze zerschlagener Kümmel.
Und weiter gerührt.
Dann ein Ei drauf zerbrochen.
Gib weißes Mehl dazu, bis es Pasta wird.
Kneten die Pasta. Nach Gusto zu formen.
Lassen auf kleiner Flamme geraten."

Das Mehl sollte möglichst gesiebt sein, damit es sich im Sirup oder Honig besser verarbeiten läßt. Statt des Ingwerpulvers kann man selbstverständlich auch Ingwerwurzel verwenden, die man in den Teig reibt. Wer es mag, kann das Gewürz ruhig ein wenig vorschmecken lassen – schließlich heißen die Lebkuchen auf Englisch ja Ginger Bread, Ingwerbrot. Man kann das ganze zu einem Laib oder zu einzelnen Lebkuchen-Plätzchen formen. Etwa 60 Minuten (Plätzchen etwas weniger) bei Mittelhitze backen.
Nachdem Begonia ihr Rezept verraten hat, gönnt ihr die Regieanweisung einen Schluck aus der Rumflasche. Nicht undenkbar, daß ein Schuß Rum auch den Ginger Bread Nuts guttut.

Bei Mozarts war fast immer Schmalhans Küchenmeister. Als der gefeierte Komponist eines Tages mit einem Lorbeerkranz nach Hause kam, fuhr ihn Constanze an: "Was sollen wir mit Lorbeer, wenn wir keinen Braten haben?"

*

»Ich will meine Brocken blasen«
WOLFGANG AMADEUS MOZART: DIE ZAUBERFLÖTE
Deutsche Oper in zwei Aufzügen
Dichtung von Emanuel Schikaneder
Uraufführung 1791 im Theater im Starhembergschen Freihaus auf der Wieden, Wien

Ganze Bibliotheken könnte man füllen mit den Abhandlungen, die in den vergangenen 200 Jahren über Mozarts "Zauberflöte" verfaßt wurden: Philosophen und Psychoanalytiker, Soziologen und Theologen haben sich um Deutungen bemüht, von denen, die die musikalischen Aspekte betrachtet haben, ganz abgesehen. Dabei kommt das Stück doch als ein zauberhaftes, kinderleichtfüßiges Singspiel daher: Ein Prinz, eine Prinzessin – sie haben sich gesucht und am Ende auch gefunden; ein naiv-narrischer Vogelfänger und sein Weibchen; die Königin der Nacht und der Oberpriester des Sonnentempels; ein Damen- und ein Knabentrio, die erscheinen und verschwinden, als habe David Copperfield seine magische Hand im Spiel; Schlangen, Löwen, verwandelte Menschen, Zauberglöckchen und Zauberflöte – alles, was ein Märchen braucht.

Tatsächlich war die Oper ja nicht für eines der k.u.k. Hoftheater geschrieben; da gab man den "Titus" und ähnlich Dramatisches. "Die Zauberflöte" ging an einer Wiener Vorstadtbühne in Szene (und ist heute bei Marionetten- und Puppenbühnen ein gern gespieltes Stück).

Und dennoch: "Die Zauberflöte ist ein symbolisches Stück", erkannte Arthur Schopenhauer. Die schaudernde und anrührende biographische Komponente drängt sich in die Interpretationsversuche; schließlich ist es Mozarts letzte Oper, wenige Wochen vor seinem Tod uraufgeführt: "(...)bald wird der Tod mich abfordern (...) ich zaudere nicht auf seinen Ruf (...) er ist mir unbekannt, doch ich folge mit Zutrauen: er ist gemeint in der Zauberflöte, als der Priester, der die Augendecke bringt, die er den Helden und Duldern überhängt, ehe er sie fortführt", interpretiert Schopenhauer.

Daß die "Zauberflöte" beides ist: heiteres, unterhaltsames Märchenspiel in einer zeitlos-mystischen Welt und vergeistigtes, erbauendes Lehrstück über Liebe, Menschlichkeit und die unfaßbare Wahrheit – das macht Reiz und Bedeutung der Oper aus.

Und nichts wäre sie freilich ohne Mozarts Musik, die hier alles "Italienische" abstreift und einen ganz eigenen Ton anschlägt, kindlich-naiv und göttlich zugleich, höchste Einfachheit mit höchster Meisterschaft verbindet: Papagenos fast operettenhaftes Lied, mit dem er sich vorstellt, Taminos lyrische Arie "Dies Bildnis ist bezaubernd schön", die Arie der Königin der Nacht, in deren Herzen "der Hölle Rache kocht" und Sarastros hymnischer Gesang "O Isis und Osiris".

Meine Lieblingsfigur ist aber der Papageno: "Ich verlange im Grunde gar keine Weisheit. Ich bin so ein Naturmensch", sagt er über sich und zeigt sich darin nicht wenig weise. Natürlich möchte er seine Papagena finden, möchte auch dem Prinzen beistehen; aber wenn so ein schön gedeckter Tisch lockt, wie ihn die drei Knaben mit einem "mit Rosen bedeckten Flugwerk" im sechzehnten Auftritt vom Himmel bringen, dann kommt für ihn erst das Essen, dann Lieb' und Treu'. Er erinnert sich wohl gut daran, wie er am Beginn der Reise zum Sonnentempel mit einem Stein und einem Krug Wasser abgespeist wurde. "Blase du nur fest auf deiner Flöte, ich will meine Brocken blasen. Herr Sarastro führt eine gute Küche." Das ist alles, was er dazu zu sagen hat.

Was wird Herr Sarastros Küchenmeister wohl aufgetischt haben? Schauplatz der Mahlzeit ist ein sagenhaftes Zauberreich, doch Sarastro und seine Tempelherren haben eindeutig etwas Ägyptisches. (Schikaneder hat Teile des von Matthias Claudius übersetzten Ägypten-Romans "Sethos" von Jean Terasson wörtlich übernommen.) Nun haben weder Mozart noch Schikaneder jemals ihren Fuß auf afrikanischen Boden gesetzt, und auch Papageno müssen wir mit der Zusammenstellung des Mahls entgegenkommen (was der Vogelfänger nicht kennt...). Wir versuchen es einmal mit einem Gericht, das auf seinen Beruf anspielt (auch wenn dieser Vogel nicht pfeift):

POULARDE SARASTRO
*2 Knoblauchzehen, 4 EL grüner Koriander (Cilandro),
4 EL Minzeblätter, 1 EL Paprika, ¼ TL Safranpulver,
1/2 TL gemahlener Kreuzkümmel, 1 EL Öl, 1 Poularde, Salz, Pfeffer,
3 Zwiebeln, Butter*

Den Knoblauch, die Koriander- und die Minzeblätter feinhacken, mit den anderen Gewürzen und etwa einem EL Öl gründlich verrühren, bis ein fester Brei entstanden ist.
Die Poularde innen und außen mit Salz und Pfeffer einreiben. Den Kräuterbrei gleichmäßig auf der Poularde verteilen und andrücken.
Die Zwiebeln hacken, in einem schweren Bräter verteilen und mit ein wenig Butter anschwitzen lassen. Die Poularde darauf legen, etwa ¼ Liter Wasser aufgießen, die Poularde hineinlegen, zudecken und im sehr heißen Backofen 45 – 60 Minuten schmoren. Den Deckel abheben und noch einmal bei starker Oberhitze 10 Minuten braten, dabei die Poularde wenden. Dazu reichen wir

KARTOFFELSALAT ÄGYPTISCHE ART
*1 Pfund Kartoffeln, Cayennepfeffer, gemahlener Kreuzkümmel,
Salz, 1 Zitrone, Öl*

Die Kartoffeln schälen und garkochen; sie müssen noch gut fest sein. 1/2 TL Cayennepfeffer, 1 Messerspitze gemahlenen Kreuzkümmel und 1 Prise Salz gründlich vermischen, 1 EL Wasser und 2 EL Zitronensaft darunterrühren. Reichlich Öl in einer großen Pfanne erhitzen, das Gewürzgemisch mit einem weiteren TL Kreuzkümmel und ¼ TL Salz hineingeben und rühren, bis die Flüssigkeit verdampft ist.
Die Kartoffeln würfeln, hineinschütten und im Öl-Gewürz-Gemisch wenden, bis sie völlig davon überzogen sind. Abgekühlt servieren.

Solchermaßen gestärkt kann man die Prüfungen des Lebens bestehen, auch wenn sie unausweichlich in den Tod führen. "Die Strahlen der Sonne vertreiben die Nacht, zernichten der Heuchler erschlichene Macht" läßt Mozart am Ende der "Zauberflöte" seinen Sarastro singen, als triumphiere er über die Widrigkeiten der Welt. "Transire ad vitam" wird er wenige Wochen später als seine letzten Worte ins Notenpapier schreiben: "Hinübergehen ins Leben".

Die meiste Oper, die meiste Speise
Im Zeitalter der Statistik entgehen auch musikalische wie kulinarische Genüsse nicht den Erbsen- respektive Notenzählern. So erstellt der Deutsche Bühnenverein alljährlich eine Werkstatistik. Die weist als Sieger in der Sparte "Oper/Operette" Wolfgang Amadeus Mozarts "Die Zauberflöte" aus: 43 Inszenierungen, 681 Vorstellungen, 409.682 Besucher erreichte das Werk. Auf Platz zwei lag – wie in der Saison zuvor – Engelbert Humperdinck mit seinem "Hänsel und Gretel" (allerdings mit nur 240.060 Zuschauern). Beim Musical hält übrigens Andrew Lloyd Webber beide Spitzenpositionen: "Les Miserables" (751.000 Zuschauer) und "Phantom der Oper" (745.000) heißen die Hits.
Der Deutschen Leib- und Magenspeise statistisch zu erfassen ist schwieriger, denn die Zählmeister registrieren zwar wortwörtlich jede Erbse, doch sie schicken (noch) keine Topfgucker durch die heimischen Küchen. Welche Speisen allerdings rund 200.000 Kantinengäste an den Mittagstisch locken, kann wohl durchaus als repräsentativ für den Bundesgeschmack sein. Nach der Statistik eines großen deutschen Betriebsrestaurant-Betreibers ist auch 1997 wieder "Hähnchenbrust überbacken" der Renner gewesen. Der langjährige Spitzenreiter "Currywurst mit Pommes frites" rangiert inzwischen nur noch auf dem sechsten Platz. Ein Tip für die Kantinenköche: Probiert's doch mal mit der Poularde "Sarastro" von Seite 31 – vielleicht treffen sich dann Mozart und Papagenos "schön gedeckter Tisch" auf dem Siegertreppchen!

1. Akt
Das Liebesmahl

Es ist wohl zu platt, man mag es gar nicht sagen, aber es scheint eine sozio-kulturelle Konstante zu sein: Liebe geht durch den Magen! Warum nun ist das so? Ist es der atavistische Instinkt, der uns demjenigen Partner zugeneigt sein läßt, der die künftige Familie am besten durchbringt? Oder ist es das allgemeine Wohlbefinden, das vom Magen ausströmend den Körper erfaßt und uns alles und jede(n) in mildestem Licht erscheinen läßt? (Von der dem Essen folgenden Blutleere im Gehirn nicht zu reden.)
Es muß offensichtlich gar nichts Exquisites, Ausgefallenes sein, um Wirkung zu zeigen. Bei Chapelou zum Beispiel nur eine Krautsuppe – nun, er ist als Postillon ja auch viel an der frischen Luft. Dagegen wäre dem Herzog von Urbino weniger Bauch und mehr Herz lieber gewesen, als die Bemühungen seines neuen Leibkochs, eine geniale Sauce zu zaubern: Über endlosem Soupieren ist die Liebesnacht vorübergegangen, ohne daß zur Liebe Gelegenheit gewesen wäre. Was uns zeigt, daß es auch – und gerade – bei der Kochkunst auf den richtigen Zeitpunkt ankommt.
Das haben auch Sándor, Kálmán, Arsena und die anderen gemerkt: Allein der Brautschaukuchen macht noch keine Zigeunerhochzeit. Am Ende, als alles gut wird, kommt auch der Brautschaukuchen zu seinem endgültigen Recht. (Es wird hoffentlich nicht derselbe sein wie schon im 1. Akt!)

Daß die Liebe durch den Magen geht, führen wir Bibelfesten auf Evas Apfel zurück. Meist wird in der Auslegung Eva über- und der Apfel unterbewertet. So geht das fort bis zu Colombina und ihren Freundinnen, die nicht glauben können, daß ihren Männern ein Seitensprung mit der Leberpastete grad so recht ist, ach, was sage ich: lieber ist als das ganze aufwendige Getue mit einer anderen als der eigenen Frau (die dann vielleicht noch nicht mal kochen kann).

Wir sehen: Die Liebe ist wie das Essen ein weites Feld, auf dem man sich ganz schön verlaufen kann.

*

»Für eine Krautsuppe laß' ich mich hängen«
ADOLPHE ADAM: DER POSTILLON VON LONJUMEAU
(LE POSTILLON DE LONJUMEAU)
Komische Oper in drei Akten.
Dichtung von Adolphe de Leuven und Léon Brunswick
Uraufführung 1836 an der Opéra Comique, Paris

"Freunde, vernehmet die Geschiiichte" – Joseph Schmidt und der Postillon von Lonjumeau waren meine erste Begegnung mit der Welt der Oper. Die alte Schellackplatte knisterte zwar schon gewaltig, doch der Schmelz der Stimme, der Rhythmus trabender Postpferde und die Geschichte vom Postillon "so schön und fro-hoh" – das hatte was. Von der Schwierigkeit des hohen D an dieser Stelle (des zweigestrichenen, um genau zu sein) ahnte ich nichts, auch nicht vom Schicksal des Sängers. Der Postillon war eine der Glanzarien Schmidts, der wegen seiner geringen Körpergröße nie auf der Opernbühne stand. Und sie ist so ziemlich das einzige Stück Musik, das von der Oper übriggeblieben ist. (Wer schon hat sie tatsächlich einmal auf der Bühne gesehen?)

Der Komponist, Adolphe Adam, hat 53 Opern aufs Notenpapier gebracht, darunter "Si j'étais roi" ("Wenn ich König wär" oder auch "König für einen Tag") und einen "Falstaff". Spielopern nennt man den Typus der komischen Oper mit ihren leichtbeschwingten und eingängigen Melodien.

Der Postillon von Lonjumeau heißt mit Namen Chapelou und lebt vor der großen Revolution in der Ile de France, dem Herzen des louisianischen Königreichs. Dort gerät er in ein raffiniertes Intrigenspiel – nicht ganz schuldlos und noch weniger unschuldig allerdings. Alles beginnt und endet mit der für Chapelou schicksalhaften Postillon-Arie, die ihn vom Kutschbock auf die Opernbühne führt.

Dabei war's ganz anders geplant: "…bei seiner kleinen Hausfrau" sollte er bleiben, wenn es nach der frisch angetrauten Madeleine hätte gehen sollen. Sie wollte ihn "pflegen, ihn verzärteln und ihm eine gute Krautsuppe kochen; das Leckermaul ißt gern Krautsuppe!" – "Ja, wahrhaftig", entfährt es Chapelou, "für eine Krautsuppe lasse ich mich hängen!" So weit wollen wir's freilich nicht kommen lassen. Hier ein Krautsuppenrezept, ganz leicht nachzukochen, auch für ledige Postillone:

KRAUTSUPPE – *Soupe aux Choux*
1 l Fleischbrühe, Sauerkrautreste vom Vortag,
wenigstens aber 250 g

Sauerkraut locker in die Fleischbrühe geben und erhitzen.

"Um mich auf andere Gedanken zu bringen, da ich meinen Wasserkopf zu sehr in Anspruch nehme, widme ich meine Zeit nachmittags der Beschäftigung einer Köchin. Ich löse Erbsen aus den Hülsen, schneide die Spitzeln und Fäden an den Bohnen ab, zupfe die Beeren der Ribiseln in den Einsiedetopf".
JOHANN STRAUSS IM SOMMER 1894 AN EINEN FREUND.

*
»Zu solcher Sauce braucht's Genie«
JOHANN STRAUSS: EINE NACHT IN VENEDIG
Operette in drei Akten
Dichtung von Friedrich Zell und Richard Genée
Uraufführung 1883 am Friedrich-Wilhelmstädtischen Theater, Berlin

Mit dem Trivialen in der Kunst ist das so eine Sache. Eine Definition ist leicht gegeben, muß sich aber erst an der Wirklichkeit erweisen. Die Wirklichkeit ist aber auch und vor allem das Publikum. Und wer sagt denn, daß man sich im Musiktheater nicht amüsieren dürfe? (Da der Aufenthalt dort meist eine ganz schön lange Weile dauert, sollte er doch nicht mit Langeweile verbunden sein müssen!) Die Grenzen zwischen den Genres waren schon immer fließend, mehr als manchem Schubladenwächter, der einem Parkwächter gleich mit unerbittlichem Ernst die Werke in das von ihm ausersehene Gefach einwinkt, recht sein kann. Opera buffa, Opéra comique, Singspiel, Vaudeville, Operette – wo fängt das eine an, wo hört das andere auf? Pergolesis "La serva padrona" stellt sich in Frage, ebenso "Beggar's Opera" (Pepusch/Gay) mit ihrer überzeichnenden, karikierenden Haltung gegenüber der Oper Händels, Mozarts "Schauspieldirektor" gleichfalls, um nur einige zu nennen. Andererseits ist die Diskussion um Franz Léhars "Romantische Operette" "Land des Lächelns" noch nicht verstummt: Ist Léhars reifstes Werk vielleicht doch eine Oper?
Auch Johann Strauß' "Eine Nacht in Venedig" ist vielfach als "komische Oper" bezeichnet worden. In ihrem Überschwang romantischer Melodien und in der nach Buffomanier verzwickt gestrickten Handlung mit allerlei komischen, weil unerwarteten Wendungen steht sie tatsächlich "klassischen" Werken dieser Gattung nicht nach.
Der Herzog von Urbino beauftragt Caramello, Barbara, die Frau des Senators Delacqua, zu einem Fest ins Schloß zu bringen. Barbara aber liebt den Offizier Piselli, daher verschafft sich Annina, Barbaras Freundin und Geliebte des Caramello, als Barbara verkleidet, Zugang zum Schloß. Der eifersüchtige Delacqua wiederum sperrt Barbara ein und

nimmt seine Köchin Ciboletta, Freundin des Makkaronikochs Pappacoda, in den Kleidern seiner Frau mit zum Fest. Inzwischen hat aber Annina mit Barbara die Kleider getauscht, so daß Barbara das Haus verlassen und sich mit Piselli treffen kann. (Sind Sie noch alle da?)
Als Caramello bemerkt, daß er Annina zum Herzog bringt, und als Ciboletta für ihren Pappacoda eine Stelle als Leibkoch am Hof erwirkt, weichen die beiden Männer nicht mehr von der Seite ihrer Freundinnen. Sie bekochen den Herzog so ausgedehnt, daß er gar nicht dazu kommt, sein Schäferstündchen zu genießen.
Der frischernannte Leibkoch führt vor, was er kann, und "Tacke, tacke, tack! Erst hack' ich fein ... die Stoffe klein." Und weiter geht's im Pappacoda-Kochstudio: "Am Herd ein Häferl zischt, da wird es fein gemischt". Heraus kommt ein "dunkelfarb'ger Saft", der, wenn lang genug gerührt, wird durchfiltriert. "Man fragt, was das wohl ist?" Ja, was ist das wohl? Im Häferl ging's wohl genauso zu wie auf der Bühne, und am Ende weiß keiner mehr, was mit was, wer mit wem verrührt wurde. "Zu solcher Sauce braucht's Genie", klopft sich Pappacoda auf die Schulter. In der Tat lieber Johann Strauß. Schmeckt aber.
Im anschließenden Trubel des venezianischen Karnevals werden alle Paare wieder vereint. (Wer hat aufgepaßt und kann sagen, wer jetzt zu wem gehört?)
Die kulinarische Preisfrage heißt also: Was für eine Sauce à la viennaise-venitienne mit viel Hacke-hacke hat die Tändelei verhindert? Wie wäre es mit einer Paradeissauce, die wegen des Tomatenübergewichts auch gut österreichisch Paradeisersauce heißen könnte?

PARADEISSAUCE

2 Zwiebeln, 1 Bd. Suppengrün, 1 Knoblauchzehe,
50 g durchwachsener Speck (Dörrfleisch), 50 g Butter, Pfefferkörner,
1 Lorbeerblatt, 3 Gewürznelken, 1 TL Thymian,
250 g Tomaten, 30 g Mehl, ⅜ l Fleischbrühe, Salz, Zucker, Rotweinessig

Die Zwiebeln schälen, das Suppengrün putzen und beides fein hacken. Die Knoblauchzehe schälen und mit Salz zerdrücken. Den Speck fein würfeln und in einem Topf glasig werden lassen, 20 g Butter dazugeben und erhitzen. Die Zwiebeln, das Suppengrün und den Knoblauch dazugeben, dazu die zerdrückten Pfefferkörner, das zerbröckelte Lorbeerblatt, die Nelken und den Thymian. Alles zehn Minuten braten.

4 EL Wasser zugeben, 10 Minuten dünsten. Die Tomaten häuten, vierteln und entkernen. Das Fruchtfleisch würfeln.

In die Sauce weitere 30 g Butter einrühren. Die Tomaten dazugeben. 5 Minuten unter Rühren dünsten. Mehl darüberstreuen und unterrühren, noch einmal durchziehen lassen. Die heiße Fleischbrühe hineingießen und 5 Minuten kochen lassen.

Durch ein feines Sieb streichen und mit Salz und Zucker, eventuell etwas frischgemahlenem Pfeffer und einem Schuß Essig abschmecken. Die Paradeissauce paßt zu allem dunklen Fleisch, vor allem zu Kurzgebratenem.

Der Saucenkoch gehört in der Restaurantküche zur ersten Riege; von seiner Kunst hängt es ganz entscheidend ab, wie ein Gericht mundet. Rund um die Saucenbereitung gibt es nicht nur Operettenarien, sondern auch Geschichten, in denen die Saucenköche und Saucenfreunde die Saucenbereitung zum Sakrament erheben. Ein außergewöhnliches Saucenrezept wird dem Kammersänger Erich Kunz zugeschrieben: "Man nehme eine etwa 30 Pfund schwere Gans, würze sparsam mit Salz und Pfeffer und brate sie im Ofen. Nach einer Stunde übergieße man sie mit einem Liter Sherry, nach einer weiteren Stunde mit einer Flasche Französischem Cognac. Nach einer weiteren Stunde tränke man die Gans mit einem Krug schottischem Hochland-Whisky. Die Gans muß danach noch eine Stunde im Rohr bleiben. Dann nimmt man sie heraus und kann sie wegwerfen. Aber das Sößchen..."

*
»Borstenvieh und Schweinespeck«
JOHANN STRAUSS: DER ZIGEUNERBARON
Operette in drei Akten
Dichtung von Ignaz Schnitzer nach Maurus Jokai
Uraufführung 1885 am Theater an der Wien, Wien

Wenn einer – singend – als seinen idealen Lebenszweck Borstenvieh und Schweinespeck angibt, dann gehört er eindeutig in dieses Buch. Kalmán Zsupán heißt er, Schweinezüchter ist er von Beruf und ein arger Widerling, ein Mensch höchster Unkultur. Nicht nur weil das Schreiben und das Lesen nie sein Fall gewesen. Geldgierig ist er, dabei tumb und dreist, durchtrieben und intrigant: "Schweinefürst werd' ich genannt!"
Gerade dieses schon sprichwörtliche und bekannteste Lied aus der Operette mißfiel Strauß anfänglich: "Mit allen Texten bin ich einverstanden (...), nur mit dem Schweinehändler-Couplet konnte ich mich nicht recht einverstanden erklären."
Aber dagegen der Barinkay Sándor (sprich: Schandorrr) – welch ein Bild von einem Mann! Ein weitgereister Held, daheim um Glück und Gut gebracht. Düstere Wolken ziehen über die Puszta, doch Sándor hat die richtigen Freunde: Die alte Zigeunerin Czipra mit ihrer Sippe, die ihn zu ihrem Baron ausruft.
Das gibt Johann Strauß reichlich Gelegenheit für ungarisch-zigeunerisch gefärbte Melodien, paprika-feurig und puszta-melancholisch. Und Effekte: "Der Einzugsmarsch muß großartig werden. Etwa 80–100 Soldaten (zu Fuß und zu Pferde), Marketenderinnen in spanischem, ungarischem und wienerischem Costüm, Volk, Kinder (...) müssen erscheinen", schilderte Strauß in einem Brief seine Vision. Die meisterliche Instrumentation, erfindungsreiche Melodik, die großartigen Chorszenen, der tragische Scheinschluß im Finale des zweiten Aktes rücken diese so volkstümliche Operette in die Nähe der "seriösen" Oper; und in der Tat wird "Der Zigeunerbaron" vielfach auch mit dem Prädikat "komische Oper" versehen.

Alles wird gut: Der feiste Zsupán kehrt ohne Orden und Ehren von der spanischen Front zurück, Sándor erhält dafür den Adelsbrief und das Eigentumsrecht an dem Gut und Gold seiner Väter; jetzt kann er das Zigeunermädchen Saffi heiraten, die ja in Wirklichkeit die Tochter des letzten türkischen Paschas im Temeser Komitat ist. Und seine Jugendliebe Arsena bekommt ihren Ottokar. Alle sind glücklich, wie man nur in einer Operette (oder eben Komischen Oper) glücklich sein kann, denn "wenn die Jugend schließt den Hochzeitsbund, ist's des Lebens schönste Stund'".

Nun darf wohl – wie schon vergeblich im ersten Akt – noch einmal der "Brautschaukuchen" aufgefahren werden. "Der alten Sitte sind wir treu, ja, der Kuchen muß herbei!" singen die Mädels. "Hochzeitskuchen, bitte versuchen, schmeckt gar fein, beißt hinein!"

Sie wissen nicht, was ein "Brautschaukuchen" ist? Zum Beispiel eine

DOBOS-TORTE

sprich: Dobosch-Torte

FÜR DEN TEIG:

6 Eier, 120 g Zucker, 150 g Mehl

FÜR DIE FÜLLUNG:

300 g gesiebter Puderzucker, 3 Eigelb,
350 g Butter, 70 g Kakaopulver

FÜR DEN DECKEL:

200 g Zucker, Butter

Für den Teig die Eier schaumig rühren, dann den Zucker einrieseln lassen und zur Creme schlagen. Zuletzt das Mehl eßlöffelweise hineinrühren. Daraus in einer Springform bei 240° C in je 7 Minuten sechs Böden backen.

Für die Füllung den Puderzucker mit dem Eigelb glattrühren, dann mit der Butter und dem Kakaopulver schaumig rühren.

Fünf der Biskuitböden nach dem Auskühlen mit der Füllung bestreichen, aufeinandersetzen und auch die Seiten bestreichen. Im Kühlschrank gut durchkühlen.

Für den sechsten Boden, den Deckel, den Zucker in wenig Fett karamelisieren, den Boden damit bestreichen und mit einem Messer in 12 oder 16 gleichmäßige Tortenschnitte teilen. Wenn die Schnitten kühl und durchgetrocknet sind, propellerförmig auf der Torte verteilen. Solch eine Torte wird ein voller Erfolg, gerade so wie "Der Zigeunerbaron" für Strauß, uraufgeführt am Vorabend seines 60. Geburtstags und zu seinen Lebzeiten noch auf 140 Bühnen in aller Welt gespielt.

Als sich einmal die Neapolitaner nach einem Auftritt Enrico Carusos dem Tenor gegenüber ein wenig unfreundlich gezeigt hatten (vielleicht waren sie auch nur unvoreingenommen kritisch), schlug Caruso ein erneutes Gastspiel aus: "Ich werde nach Neapel zurückkommen, weil es meine Heimatstadt ist und ich sie liebe. Aber ich komme nicht, um zu singen, sondern um Spaghetti zu essen."

*

»Bis zum Zerbersten verstopfet die Wänste«
ERMANNO WOLF-FERRARI: DIE NEUGIERIGEN FRAUEN
(LE DONNE CURIOSE)
Musikalische Komödie in drei Aufzügen
Dichtung von Luigi Sugana nach dem Lustspiel "Le donne curiose"
von Carlo Goldoni
Uraufführung 1903 am Residenztheater, München

Ein Lob dem Vorurteil: Ihm verdanken wir Komödien, Bourlesken, Possen und Buffo-Opern ohne Zahl. Und wenn die Hiebe nach allen Seiten gerecht verteilt werden, soll's schon recht sein. Ein Lob dem Vorurteil! Daß Frauen neugierig sind: Wir wissen's. Doch Ermanno Wolf-Ferraris Kammeroper "Die neugierigen Frauen" könnte auch "Die eingebildeten Männer" heißen. Die treffen sich nämlich regelmäßig in ihrem Clubhaus – Motto: "Verbannt sind die Frauen!" – und machen ein heimliches Getue um Sinn und Zweck und Tun ihres Männerbundes. Man stelle sich Frauen bei ähnlich verschwörerischem Treiben vor, nur um beim Kaffeekränzchen allein zu sein.

Im Klubhaus des Signore Pantalone geht es jedenfalls nicht um Glücksspiel, alchemistische Experimente, Dämonenzauber oder etwa (horribile dictu!) Orgien, wie die neugierigen Frauen vermuten. "Ich lernt' aus meinem ... Leben dem Leib und der Seel zum Heil noch eine ... Philosophie", so verkündet Leandro den ideologischen Unterbau der Klubabende. "In primis et ante omnia" – zuerst und vor allem: "Erst eine leckere Mahlzeit!" – "Und dann?", wollen die Freunde wissen. "Noch einmal dasselbe!"

Arlecchino, der eifrige Diener, ist ganz bei der Sache: "Soll mir ein Spaß sein, sie tüchtig zu mästen. Bis zum Zerbersten verstopfet die Wänste, sollen sie stöhnen vor sattem Behagen. Schlecken und schmatzen und lecken, juchhei! Wie kleine Kinder den sämigen Brei."

Frauen, aufgepaßt! Um nichts anderes geht es den Männern, auch wenn die Partnerberaterin in eurem Lifestyle-Magazin das Zentrum des Interesses tiefer ansetzt.

Doch Rosaura, Beatrice, Colombina und Eleonora wollen mit eigenen Augen sehen, was hinter den geschlossenen Klubhaustüren geschieht. Mit Tricks und Finten, mit Säuseln und Drohen, mit Ohnmachten und Erpressung und schließlich roher Gewalt versuchen sie, sich Zugang zu verschaffen zum Refugium ihrer Männer.

Ach, der alte Adam, die alte Eva in uns. Was hatten die Urmutter, der Urvater denn davon, daß sie den wurmstichigen Apfel vom Baum pflückten? Einen Blick in die Erkenntniswerkstatt des Allmächtigen wollten sie werfen, sie wollten sein wie ER, und alles, was herauskam, war, daß sie erkannten, daß sie nackt waren. Sie wurden aus dem Paradies vertrieben und auf schmale Kost gesetzt. Und die Evas bei Wolf-Ferrari, was haben sie von ihrer Neugier und dem Wunsch, so zu sein wie sie, die Männer?

"Ach, wenn Ihr sähet, wenn Ihr sähet", macht Colombina, ein Auge am Schlüsselloch, ihre Schwestern im Geiste scharf. Was denn, was denn? Einen riesigen Kuchen sieht sie. Zum Kuckuck, 'nen Braten! Und während die Männer drinnen sich vollends ihrer Liebe zum Magen ergeben, gibt Arlecchino vor der Tür den Frauen, was sie brauchen: "O welche Lust!" entfährt es ihnen, "herrlich, herrlich, herrlich" stoßen sie keuchend aus, als sie sich die Pastetchen einverleiben: "Wie das schmeckt, wie das mundet!" Ja, Arlecchino weiß, was Frauen wünschen. Der Kampf der Geschlechter, er geht nur um die Wurst.

FLEISCHPASTETE – *Pasticcio di carne*

FÜR DEN TEIG:

20 g Hefe (oder einen Beutel Trockenhefe), 350 g Mehl, Salz

FÜR DIE FÜLLUNG:

250 g Schweinenacken, 150 g Schweineleber, 150 g Kalbsleber, 1 Zwiebel, 1 Knoblauchzehe, Schweineschmalz, 1–2 Peperoncino, Oregano, Salz, Pfeffer, 4 EL Tomatenmark, Öl

Für den Teig die Hefe mit zwei EL lauwarmem Wasser und 2 EL Mehl zu einem Vorteig verrühren. Das restliche Mehl in eine Schüssel geben, eine Mulde hineindrücken, salzen und den Vorteig hingeben. Mit einem Tuch abdecken und an einem warmen Ort 30 Minuten gehen lassen. Dann mit etwa ½ Liter lauwarmem Wasser zu einem glatten, elastischen Teig kneten. (Der Teig darf nicht zu weich sein.) Nochmals abgedeckt etwa eine Stunde gehen lassen, bis sich das Teigvolumen etwa verdoppelt hat.

Inzwischen das Fleisch und die Leber in 1 cm große Würfel schneiden. Die Zwiebeln und die Knoblauchzehe fein hacken. In einem breiten Topf 2 EL Schweineschmalz erhitzen. Die Leberstückchen kurz anbraten, wieder herausnehmen. Die Zwiebel, den Knoblauch und die Peperoncini ins heiße Schmalz geben, unter Rühren andünsten. Die Temperatur erhöhen, die Schweinenackenwürfel einrühren und kräftig anbraten. Mit Oregano, Salz und Pfeffer würzen. Das Tomatenmark mit der gleichen Menge Wasser glattrühren und hineingießen. Zugedeckt etwa 10 Minuten garen. Dann die Leberstücke unterrühren und noch einmal zehn Minuten schmoren. Dann im offenen Topf kurz einköcheln lassen. Die Peperoncini entfernen, nachwürzen.

Eine Springform (26 cm) mit Öl ausstreichen. 2/3 des Hefeteigs auf leicht bemehlter Fläche einen halben Zentimeter dick ausrollen. Die Springform damit auslegen, die Ränder seitlich hochziehen. Das

Fleisch einfüllen und die überhängenden Teigränder nach innen einschlagen. Den restlichen Teig zu einer runden Platte ausrollen, die Pastete damit abdecken, Rand ringsum fest andrücken. Die Teigdecke einige Male einstechen, mit Öl bestreichen und mit Oregano bestreuen. In dem auf 175° C vorgeheizten Ofen etwa 50 Minuten backen.
Dazu braucht man einen frischen Salat zum geschmacklichen Ausgleich, denn die Pastete ist scharf und mächtig.

SÜSSE TEIGTASCHEN – *Ravioli dolci*
1 Orange, 150 g kandierte Früchte, 200 g Ricotta (oder Speisequark), 300 g Blätterteig (aus der Tiefkühltruhe), Öl, Puderzucker

Die Ricotta gut abtropfen lassen. Die Orange abwaschen und abtrocknen. Die Schale hauchdünn abreiben. Die kandierten Früchte in kleine Würfel schneiden, mit der Ricotta und der Orangenschale mischen. Nach dem Auftauen das Mehl von den Blätterteigplatten abreiben, die Platten aufeinanderlegen und auf einer leicht bemehlten Fläche dünn ausrollen. Auf der Hälfte des Teiges im Abstand von 5 cm mit einem TL die Ricottafüllung verteilen. Die zweite Teighälfte locker darüberklappen. Mit einem Glas um die Füllungen herum Teigtäschchen ausstechen, die Ränder festdrücken.
Zum Frittieren reichlich Öl in einem Topf sehr heiß werden lassen. Die Ravioli portionsweise hineingeben, goldbraun ausbacken. Auf Küchenkrepp abtropfen lassen, dünn mit Puderzucker bestäuben und sofort servieren.

2. Akt
Das Arbeitsessen

Arbeiten wir, um zu leben, oder leben wir, um zu arbeiten? Und essen wir, um zu leben, oder leben wir, um zu essen? Und arbeiten wir, um zu essen, oder was? "Im Schweiße deines Angesichts sollst du dein Brot essen", wurde Adam und seinen Kindern und Kindeskindern bis auf den heutigen Tag vorherbestimmt (1 Mose 3,19). Ob damit allerdings tatsächlich das Arbeitsessen gemeint war...?
Nehmen wir den Mario Caravadossi, der gerade die Kirche Sant'Andrea del Valle ausmalt: der kann nicht gleichzeitig arbeiten und essen, so päpstlich wird auch der Papst nicht sein. Und weil ihm die Arbeit wichtiger ist, läßt er den Eßkorb links stehen (von der Bühne aus gesehen). Baal hingegen, dieser Rüpel: Ist das ein Leben, ist das eine Arbeit? Schwer zu sagen, aber eins ist gewiß: Das ist ein Essen (und ein Saufen, nebenbei gesagt)!
Eine gewisse Laxheit in der Dienstauffassung ist den Matrosen nachzusagen, die neben dem Fliegenden Holländer vor Anker liegen und den Steuermann auffordern, die Wacht sein zu lassen, da die Norwegermädels was zu beißen bringen. Und auch die Mönche in Benediktbeuren vergessen all ihre Gelübde (und Pönitenz und Purgatorium), wenn sie nur was zu essen und zu trinken kriegen.
Ein Arbeitsessen im modernen Sinn ist das Diner bei Jourdain, dem Bürger, der gern Edelmann wäre, denn da geht es nebenbei um wichtige Geschäfte: ein Adelsbrief ist schon mal eine gastfreie Tafel wert.

*
»Und dieser Korb hier voll schöner Sachen«
GIACOMO PUCCINI: TOSCA
Musikdrama in drei Akten
*Dichtung von Luigi Illica und Giuseppe Giacosa nach dem Drama
"Tosca" von Victorien Sardou*
Uraufführung 1900 am Teatro Costanzi, Rom

Giacomo Puccinis Vorliebe für exotische Schauplätze – von Peking bis New Orleans, von Kalifornien bis Nagasaki – ist bekannt. (Wenn nicht: Lesen Sie's nach auf Seite 162!) Um so erstaunlicher, daß er bei "Tosca" die Handlung auf wenige hundert Meter im Quadrat beschränkt, und das mitten in Rom! "Tosca" ist wohl seine dunkelste Oper, von Anfang an herrschen Angst, Gefahr, Verfolgung, Eifersucht, Mißgunst – was immer man sich als wenig lebensfrohe Gefühle und Situationen vorstellen mag, alles durchweht von Weihrauchduft, Pulverdampf und Blutdunst. Das Publikum war begeistert, die Kritik war fassungslos: "Mit ähnlichem Staunen, wie Mario die zarten weißen Hände seiner Tosca, sehen wir die feinen Hände Puccinis von Blut befleckt", so äußerte sich der Komponistenkollege Erich Wolfgang Korngold nach einer Tosca-Aufführung entsetzt.

Doch auf diesen düstren Untergrund seines Sittengemäldes von drastischem Naturalismus setzt er musikalische Lichtflecke von strahlender Schönheit: Die Monologe des Caravadossi, das Gebet der Tosca, die Kantate im Schloß der Königin mit sechsstimmigem a-capella-Gesang, die beiden großen Duette der Hauptpersonen und vor allem Caravadossis Nacht vor der Hinrichtung mit seinem abgeklärten "Che lucevan le stelle" ("Wie leuchten die Sterne") und das anschließende lyrische Szenarium des erwachenden Rom mit dem Läuten der Glocken und dem Gesang des Hirtenknaben, der seine Herde auf die Hügel treibt.

Damit spiegelt die Musik Puccinis die Wirren jenes Jahres 1800 wider, in dem die Römische Republik unter dem Ansturm der napoleonischen Truppen wankte und die alten Mächte für kurze Zeit die Oberhand in der Hauptstadt des nun eigentlich untergegangenen Kirchenstaates gewannen – personifiziert durch den sadistischen Polizeichef Scarpia. Während der aus Ägypten herbeigeeilte Bonaparte durch seinen Sieg bei Marengo das Blatt wendet, bedeutet dieser Sieg für den Republikaner Caravadossi den Tod. Auch Toscas Bereitschaft, dem lüsternen Scarpia nachzugeben, wendet das Schicksal so wenig wie dessen Tod durch ihre Hand und der Geleitbrief aus der seinen.

Damit wird "Tosca" zu einer ganz zeitlosen, gleichzeitig ganz zeitgemäßen Oper, die vieles von dem vorwegnimmt, was das 20. Jahrhundert noch bereithält. Sie zeigt Menschen in bedrückenden Notlagen, voller Angst, wehrlos gegenüber einem Schicksal, das jetzt das Siegel der Staatsmacht und das Antlitz seiner Diener trägt. Caravadossi und Tosca stehen für unzählige Namenlose, deren Tod einer zufälligen Machtkonstellation und einer Laune der Geschichte zuzuschreiben ist. Einen besonderen Akzent erhält die Konstellation dadurch, daß der abgefeimte Schurke Scarpia in den Diensten der heiligen Kirche steht – genau wie der Maler Caravadossi, der gerade in der Kirche Sant' Andrea del Valle an einem Bildnis der heiligen Maria Magdalena arbeitet. Der Schauplatz der Oper ist authentisch: Die Kirche ist eine der bedeutendsten Bauwerke Roms am heutigen Corso Vittorio Emanuele, 1591 – 1650 im typisch römischen Barockstil mit antikisierenden Säulen und einer mächtigen Kuppel (der zweitgrößten Roms) ausgeführt. Eine Attavanti-Kapelle verzeichnet der Kunstführer allerdings nicht, auch Caravadossis Bild hat zwischen den Fresken an den Wänden keinen Platz gefunden. Es ist eine hohe, weite, helle Kirche, ganz anders als die Bühnenbildner sie in der Eingangsszene der Oper meist darstellen, wenn Angelotti im Dunkel der Seitenkapelle verschwindet und der Mesner dem Eßkorb des Malers einen begehrlichen Blick zuwirft und ihn für sich beiseite stellt. Welche Düfte steigen ihm entgegen, wenn er in der Sakristei das Tuch zurückschlägt und sieht, welche Köstlichkeiten der römischen Küche der Korb enthält...

DER ESSKORB ANGELOTTIS

PFANNENBROT – *Pandorato*
*8 Scheiben Weißbrot, 125 g Mozzarella, 40 g roher Schinken,
4 Sardellenfilets, ⅛ l Milch, 2 Eier, Salz, Pfeffer, Mehl, Öl*

Auf vier Brotscheiben den Käse verteilen, dazu auf zwei von ihnen Schinken, auf zwei andere die zuvor gewässerten Sardellenfilets. Mit den vier anderen Brotscheiben bedecken, fest andrücken.
Die Milch in einen Teller geben, die Eier verschlagen, würzen. Die Brote in der Milch wenden, rundum mit Mehl bestäuben, in die Eiermasse legen und eine Viertelstunde ziehen lassen, dabei mehrmals wenden. In einer Pfanne in reichlich Öl goldgelb backen.
Schneidet man die Pandorati diagonal auf, kann jeder je eine Brothälfte mit Schinken und mit Sardellen essen.

REISKROKETTEN – *Suppli alla romana*
*¼ l Fleischbrühe, 200 g Fruchtfleisch von Tomaten,
200 g Rundkornreis, 1 Ei, Parmesan (gerieben)*
FÜR DIE FÜLLUNG:
*1 kleine Zwiebel, einige Würfel rohen Schinken, 100 g Rinderhack,
Butter, Tomatenmark, Salz, Pfeffer, Basilikum, 100 g Mozzarella,
Paniermehl, Öl*

Die Fleischbrühe mit dem Tomatenfleisch aufkochen, den Reis dazugeben und bei mittlerer Hitze quellen lassen (öfter umrühren!). In eine Schüssel geben, etwas abkühlen lassen, dann das Ei und einige Löffel Parmesankäse unterziehen.
Die Zwiebel fein hacken, mit den kleinen Schinkenwürfeln und dem Hackfleisch in Butter anbraten. Ein wenig Tomatenmark darunterrühren und bei wenig Wärmezufuhr köcheln lassen. Würzen und gerebelte Basilikumblätter daruntermischen.
Den Mozzarellakäse in sehr kleine Würfel schneiden. Einen Löffel Reis auf der Hand flachdrücken, einige Käsewürfel und ein wenig von der

Hackfleischmasse daraufgeben, aus der Reismasse eine Kugel formen. Die angegebene Menge ergibt etwa 15–20 Kugeln.
In Paniermehl wälzen, in reichlich Öl goldgelb frittieren.
Supplì schmecken warm und kalt. Man sollte unbedingt darauf achten, keinen Reis zu verwenden, der körnig bleibt – gerade das können wir hier nicht gebrauchen! Ein kleberreicher Reis ist hier genau der richtige.

GEBACKENE ZWIEBELN – *Cipolle fritte*
500 g kleine Zwiebeln, 2 Eier, Salz, Pfeffer, 100 g Mehl, 1/10 l Milch, 1–2 Knoblauchzehen, 3–4 EL geriebenen Parmesan

Die Zwiebeln schälen und in Salzwasser kurz blanchieren. Gut abtropfen lassen und trockenreiben.
Die Eier trennen. Die Eigelb verrühren, mit Salz und Pfeffer würzen, Mehl und Milch nach und nach einrühren. Die ausgepreßte(n) Knoblauchzehe(n) unterrühren, ebenso Parmesan. Den Teig 30 Minuten stehen lassen.
Die Eiweiß zu Schnee schlagen und unter den Teig heben.
Die Zwiebeln in den Teig tauchen und in reichlich heißem Öl ausbacken. Gut abtropfen lassen.

GEFÜLLTE TEIGTASCHEN – *Calzoni*
Für etwa 8 kleine Taschen
FÜR DEN TEIG:
10 g Hefe, 200 g Mehl, 2 EL Olivenöl, Zucker, Salz
FÜR DIE FÜLLUNG:
150 g Ricotta oder Speisequark, 2 Eier,
100 g Salami (oder die schärferen Salametti), 150 g Mozzarella,
2 EL Parmesankäse (gerieben), Oregano, Salz, Pfeffer, 5 EL Olivenöl
ZUM BESTREICHEN:
4 EL Tomatenmark, Öl, Oregano

Die Hefe mit einer Prise Zucker und ein wenig lauwarmem Wasser verrühren, eine Handvoll Mehl unterrühren. 30 Minuten gehen lassen.

Das restliche Mehl auf den Tisch, ein Brett oder in eine weite Schüssel geben, den Vorteig hinzufügen und alles mit ⅛ l lauwarmem Wasser, dem Öl und ein wenig Salz zu einem Teig verarbeiten. Kräftig durchkneten, dann zugedeckt an einem warmen Ort eine Stunde gehen lassen.

Die Ricotta oder den gut abgetropften Quark durch ein Sieb in eine Schüssel streichen. Mit den Eiern verrühren. Die Salami in Streifen und den Mozzarellakäse in Würfel schneiden und zusammen mit dem Parmesankäse unter die Käse-Ei-Masse mischen. Würzen.

Den Teig noch einmal durchkneten. Zunächst in vier gleiche Teile teilen. Die Viertel noch einmal jeweils halbieren, rund ausrollen (nicht zu dünn, etwa 1/2 cm). Auf die Hälfte jeder Teigplatte die Füllung geben, die andere Hälfte darüberklappen und die Ränder gut festdrücken. Calzoni mit Öl bestreichen.

Den Backofen auf 175° C vorheizen, die Calzoni 20 bis 25 Minuten backen. Das Tomatenmark mit etwas Öl glattrühren, das Oregano daruntermischen und mit einem Pinsel 5 bis 10 Minuten vor Backzeitende auf die Taschen streichen.

Diese Snacks all'italiana eignen sich nicht nur hervorragend für einen Imbiß in der Sakristei, sondern auch für das nächste Picknick!

Schläft ein Lied in allen Dingen
"Musik wird oft nicht schön empfunden, da stets sie mit Geräusch verbunden." Mit diesem Reim scheint Wilhelm Busch dem Volk aus der Seele gesprochen zu haben, und das schon in Zeiten, in denen Musik noch ausschließlich hand- und mundgearbeitet war, als es noch keine Dolby-Surround-3-Wege-Baßreflex-Boxen mit integrierten Subwoofern gab.

Der Spruch ist vielseitig verwendbar und wird immer gern angenommen, zumal Musik nur durch einen hohen Grad von Strukturierung und Organisation, Kunstfertigkeit und Disziplin davor bewahrt wird, tatsächlich nichts weiter zu sein als Geräusch.

Generationen von Handwerkern haben sich bemüht, zumindest instrumentenseits das Geräuscheerzeugen so musikalisch wie möglich

zu machen. Heute haben sie Gesellschaft bekommen von den Akustikdesignern, die sich bemühen, aus Staubsaugern, Kaffeemaschinen und Klodeckeln das Letzte an Musikalität herauszuholen. Die theoretische Grundlage dafür liefert der noch junge Wissenschaftszweig der Psychoakustik. Hochwertige, funktionsorientierte Geräusche sollen die Gegenstände des Alltags von sich geben.
Bei ihren Bemühungen machen die Akustikdesigner auch vor Lebensmitteln nicht halt: "Knackfrisch, das muß ein ... sein", heißt es in der Werbung, "Crunch mit" fordert ein anderer laut- und kiefermalend auf. Ob Pizzaschnitte oder Müsliriegel – alles soll seine eigene Ton-Art haben.
Vor Zeiten hatte man beim Essen andere Geräusche im Sinn: "Warum rülpset und furzet ihr nicht?" fragte Martin Luther besorgt seine Tischgäste. Übrigens auch so ein Spruch, der bis heute seinen Platz im Schatzkästlein des Volksmundes hat.
Oder, wie Joseph von Eichendorff wußte: Schläft ein Lied in allen Dingen...

*
»Steuermann, laß die Wacht!«
RICHARD WAGNER: DER FLIEGENDE HOLLÄNDER
Romantische Oper in drei Aufzügen
Dichtung vom Komponisten
Uraufführung 1843 an der Staatsoper, Dresden

"Diese Seefahrt wird mir ewig unvergeßlich bleiben; sie dauerte drei und eine halbe Woche und war reich an Unfällen. Dreimal litten wir vom heftigsten Sturme, und einmal sah sich der Kapitän genötigt, in einem norwegischen Hafen einzulaufen." So beschreibt Richard Wagner im Rückblick seine Segelfahrt 1839 von Riga nach London, die eine abermalige Flucht vor seinen Gläubigern war. ("Besondere Umstände verleideten es mir, in Riga zu bleiben", umschreibt er die pikante Situation.) "Die Durchfahrt durch die norwegischen Schären machte einen wunderbaren Eindruck auf meine Phantasie; die Sage vom fliegenden

Holländer, wie ich sie aus dem Munde der Matrosen bestätigt erhielt, gewann in mir eine bestimmte, eigentümliche Farbe, die ihr nur die von mir erlebten Seeabenteuer verleihen konnten."

Diese Seefahrt war alles in allem gar nicht lustig, und der Eindruck der Naturgewalten war so machtvoll, daß Wagner schon 1840 den Holländer-Stoff als Einakter, ein Jahr später in der endgültigen, dreiaktigen Form bearbeitete. Zum ersten Mal griff er damit einen Sagenstoff auf, wie er es von nun an stets tat: die Sage von dem holländischen Kapitän, den ein Fluch seit undenklichen Zeiten über die Weltmeere treibt. Alle sieben Jahre betritt er Land; sollte es ihm gelingen, auf einem solchen Landgang ein Weib zu finden, das ihm bis in den Tod treu ist, wäre seine Seele erlöst.

Wagner muß sich zu dieser Zeit selbst wie ein fliegender Holländer (zu Wasser und zu Lande) vorgekommen sein: Würzburg, Lauchstädt, Magdeburg, Königsberg, Riga, London, Paris waren innerhalb von nur sieben Jahren seine Arbeitsplätze. Nirgendwo konnte (oder wollte) er dauerhaft Anker werfen (und dieses unstete Leben sollte noch einige Jahre anhalten, bis er in Ludwig Zwo einen Gönner fand).

Indessen hielten Norwegens Gestade für den Holländer eine Senta bereit, die seiner unruhigen Seele Erlösung versprach – wenn sie dies auch mit dem Leben bezahlte. Damit ist ein zweites Motiv angesprochen, das sich durch das weitere Wagnersche Opernschaffen zieht: das Ringen um Erlösung.

Die Matrosen auf dem Schiff nebenan am Kai haben andere Sorgen, die ihnen die Norwegermädels in Freude verwandeln: Mit Körben und Krügen entern sie das Schiff, das sich das gern gefallen läßt. Der Steuermann, so fordern die Seeleute ihren Kameraden auf, soll die Wacht lassen – na ja, im Hafen gibt's ja auch nichts mehr zu steuern für den Mann. Und als die Mädels endlich an Bord sind, wissen die Matrosen gar nicht, wo sie zuerst hinlangen sollen. Ich schlage vor: Essen fassen!

BERGENER FISCHSUPPE – *Bergens Fiskesuppe*
*1 l Fischfond (gibt es fertig in ½-Liter-Gläsern. Wer es weniger fischig
haben möchte, der kann den Fischfond teilweise
durch Gemüsebrühe ersetzen.)
500 g Filet vom Seelachs, Kabeljau, Rotbarsch, Heilbutt oder Lachs,
mindestens aber drei Sorten, 1 Kartoffel, 1 Karotte, 1 kl. Lauchstange,
2 Eigelb, 4 EL saure Sahne, 2 EL süße Sahne, Salz, Pfeffer, Petersilie*

Die in Stücke geschnittene Kartoffel und die in Scheiben geschnittenen Karotten in den Fischfond geben und zum Kochen bringen. Die ganzen, leicht gesalzenen Fischfilets hineinlegen. Wenn die Suppe wieder aufkocht, den in dünne Scheiben geschnittenen Lauch zufügen und bei mittlerer Hitze sieden lassen. Alles in allem sollte der Fisch nicht länger als 15 Minuten garen. Danach nimmt man ihn heraus und zerteilt ihn in mundgerechte Stücke.
Die Eigelb zerschlagen und nach und nach mit heißer Brühe verrühren. Dann ebenso allmählich die saure und die süße Sahne zugeben. Langsam in die heiße Suppe rühren, nicht mehr aufkochen. Würzen. Die Fischstücke wieder in die Brühe geben und noch einmal ganz vorsichtig erhitzen.
Mit gehackter Petersilie bestreuen.
Dazu: Roggenbrotscheiben, getoastet und mit Salzbutter bestrichen.

*
»Noch etwas von dem Aal«
FRIEDRICH CERHA: BAAL
Bühnenwerk in zwei Teilen (25 Bildern)
*Dichtung vom Komponisten nach Bertolt Brechts gleichnamigem
Schauspiel*
Uraufführung 1981 im Kleinen Festspielhaus, Salzburg

"Alsdann, spricht der Herr, wirst du mich nennen ‚mein Mann' und nicht mehr ‚mein Baal'. Denn ich will die Namen der Baale von ihrem Munde wegtun, daß man ihrer Namen nicht mehr gedenken soll." So steht es geschrieben bei Hosea 2, 18–19. Die Baale, das waren in den altorientalischen Religionen lokale Fruchtbarkeitsgötter. Zu ihren Kulten gehörten Opfer (auch Menschenopfer) und sakrale Prostitution.

Baal, so heißt eine der abstoßendsten Gestalten in Bert Brechts Dramenwelt, ein wahrer Kotzbrocken. Baal flucht, säuft, frißt und hurt, er ist jedoch kein Rebell, denn er hat keine Moral, noch nicht einmal die der Rebellion. Er ist in seiner Egomanie Gottheit und Götzendiener zugleich, seine Religion heißt "Ich".

Damit ist er nicht schlechter als die "bessere" Gesellschaft, die sich selbst feiert und ihren Anspruch auf ungetrübtes Lebensglück auslebt; er ist "asozial in einer asozialen Gesellschaft" (Bert Brecht).

Dabei ist er ja kein Dummer, keine Existenz am sozialen Rand. Mit dem gefeierten Lyriker schmücken sich alte Großkaufleute und ihre jungen Damen: "Wie machen Sie nur diese verfluchte Naivität, lieber Meister? Das ist ja homerisch!" Oder eher wie Walt Whitman, oder doch wie Verlaine? Nur halt "mit dem Vorzug größerer Indezenz". Und was spricht Baal zu diesen Elogen? "Noch etwas von dem Aal, bitte!" (Von dem Aal später mehr.)

Wenn's dann doch allzu indezent wird, macht sich der Diener seine Hände an Baal schmutzig. Der taucht in die Kneipe ab, wo er sich beim Kirschwasser am wohlsten fühlt.

"Dein 'Baal' ist so gut als wie 10 Liter Schnaps", gestand Caspar Neher seinem Freund Bert Brecht. Friedrich Cerha hat sich 15 Jahre lang mit der Figur des "einsamen, jeder bürgerlichen Norm widersprechenden Außenseiters in einer asozialen Gesellschaft" beschäftigt, hat aus vier der fünf Textfassungen Brechts eine eigene Textversion erarbeitet, hat fünf Jahre an seiner Komposition gefeilt. Melodische Passagen, die sich der traditionellen Tonalität nähern, wechseln mit Klangfeldern, dem Sprechrhythmus angepaßte musikalische Deklamation mit polyrhythmischen Passagen.

In seinem Text hat Cerha die krassesten Wendungen der Brecht'schen Urfassung von 1918 vermieden, aber auch so läßt Baal an Deftigkeit nichts zu wünschen übrig. Und an Todessehnsucht und Weltschmerz, den Quellen seiner Verbaldelirien.

Aber heute schmeckt's noch, denn auch Renitenz braucht Unterfutter, und solange die Gesellschaft ihre renitenten Künstler braucht, muß sie ihnen auch den Champagner reichen. Dazu gibt's dann

AAL »BAAL«
1 Aal von etwa 1 kg (nicht geräuchert!),
1 Flasche Champagner (ersatzweise Sekt oder Weißwein),
1 Zitronenscheibe, 1 Zwiebel, 1 Karotte,
1 Lorbeerblatt, einige Pfefferkörner, 1 EL Senfkörner, Salz,
6 Blatt oder 1 Päckchen Gelatine (weiß)
ZUM GARNIEREN:
1 hartgekochtes Ei, einige Kirschtomaten

Den (enthäuteten) Aal in 3–5 cm lange Stücke schneiden, leicht salzen. Den Champagner mit den Gewürzen und Gemüsen erhitzen, ohne daß er kocht. Die Aalstücke hineinlegen und 20 Minuten garziehen lassen. Herausnehmen.
Den Sud durch ein Sieb gießen, abkühlen lassen und entfetten. Die Gelatine nach Anweisung in den Sud einrühren. Den Boden einer Kastenform mit der Gelatine bedecken, im Kühlschrank leicht anziehen lassen. Das Ei und die Tomaten in Scheiben darauflegen, wieder ein wenig Gelatine darübergießen, ebenfalls anziehen lassen, dann die Aalstücke gleichmäßig darauf verteilen. Die restliche Gelatine darübergießen. Im Kühlschrank fest werden lassen.
Stürzen und aufschneiden.

*
»Das ist ein prächtiges Souper«
RICHARD STRAUSS: DER BÜRGER ALS EDELMANN
Komödie mit Tänzen
Dichtung von Hugo von Hofmannsthal nach Molières gleichnamigem Schauspiel
Uraufführung 1912 im Kleinen Haus des Hoftheaters, Stuttgart
Erstaufführung der zweiten Fassung 1918 in Berlin

Geld allein macht nicht glücklich. Der Mißmut vieler Menschen, die alles haben, aber nichts sind, kurbelt die Konjunktur des Titelhandels an: Professor, Graf, Prinzessin – kein Problem, wenn der Betrag auf dem Scheck stimmt. Dieses Streben nach Höherem ist eine der Stereotypen der Weltliteratur, und die braven Mitmenschen, die dieses Streben nach Kräften (und mit kräftigen Honoraren) fördern, gehören auch dazu.

Molière war einer der Dichter, die die menschlichen Schwächen auf unerreichte Weise karikiert haben. Sein "Bourgeois Gentilhomme" Jourdain ist einer jener Menschen, die Sehnsucht nach dem wahren Menschsein haben. Der Bürger als Edelmann, das kann natürlich im Frankreich Ludwigs XIV. nur lächerlich erscheinen. Doch Jean Baptiste Poquelin wäre nicht Molière gewesen, wenn er nicht auch den Adel gleichermaßen aufs satirische Korn genommen hätte. Schließlich ist nicht nur die Vorstellung des Möchtegern-Edelmannes Jourdain vom adligen Lebensstil ein Zerrspiegel des Hofadels; auch die Figur des blaublütigen Dorante, der Jourdains Sinn fürs Leben des ersten Standes schärft und dabei kräftig abkassiert. Das ist das Gesetz des Marktes: Der eine hat's, der andere braucht's.

Molière schrieb das Stück 1670 für eine Ballettkomödie des Komponisten Jean Baptiste Lully, übrigens im Auftrag des Sonnenkönigs höchstderoselbst.

Gute Einfälle sind unvergänglich, zeitlos ist das Thema allemal. Als Richard Strauss sein Opus 60, die einaktige Kurzoper "Ariadne auf Naxos" für ein kleines Kammerorchester "gemischt aus heroisch-mythologischen Figuren im Kostüm des XVIII. Jahrhunderts in Reif-

röcken und Straußenfedern und aus Figuren der commedia dell'arte ..."
(Strauss über sein Vorhaben) entwarf, sollte "Der Bürger als Edelmann"
das Thema als Tanzkomödie variieren. In der "Ariadne" verwebt sich
das Heroisch-mythologische ständig mit Buffo-Elementen. Dort will
ja ein reicher Herr, der selbst nie auftritt, seinen Gästen ein klassisches
Stück (eben die "Ariadne") und eine heiter-frivole Komödie zur gleichen Zeit darbieten. Strauss übersteigerte diesen Einfall, indem er die
musikalische Charakteristik von ernster und heiterer Handlung austauschte.

Schließlich stellte er dem Werk den "Bürger als Edelmann" voran; den
Molièr'schen Stoff bearbeitete Hugo von Hofmannsthal, Strauss schrieb
– unter anderem unter Verwendung Lullyscher Motive – eine Musik
dazu. So paßten beide die Doppeloper in der Oper in den Rahmen einer
Komödie mit Tänzen ein.

Allerdings gilt auch hier: Weniger wäre mehr gewesen. Im Kleinen Haus
des Stuttgarter Hoftheaters sorgte bei der Uraufführung 1912 ein erlesenes Ensemble unter der musikalischen Leitung des Komponisten für
ein zwiespältiges Echo: Toller Einfall, musikalisch perfekt dargeboten,
jedoch waren die Zuhörer schon ermüdet, bevor der Hauptteil des
Abends, die Oper, überhaupt begann. Auch Kürzungen konnten die
Überfülle der Einfälle nicht bändigen. Dazu kam, daß es den meisten
Theatern unmöglich war, an einem Abend Schauspiel, Ballett und Oper
auf die Bühne zu bringen.

Strauss schrieb zur "Ariadne" ein neues Vorspiel, der "Bürger als Edelmann" wurde ebenfalls neu konzipiert und in dieser Fassung 1918
uraufgeführt. Der Reichtum an duftigen, köstlich instrumentierten
Musiknummern faßte Strauss später noch einmal zu einer Orchestersuite zusammen.

Auch hier ist das Spiel im Spiel Programm, die Figuren von "Musikmeister" und "Tanzmeister" haben musikdramatische Funktionen. Zum
rechten Leben als Edelmann gehört freilich auch eine gastfreie Tafel
mit erlesenen Genüssen. Jourdain weiß, was er seinem guten Ruf und
seinen adligen Freunden schuldig ist. Lieber würde er verhungern
(nachdem er seinen ganzen Haushalt hätte verhungern lassen), als

Dorante und seiner Corona etwas vorzuenthalten. Ein "Weniger wäre mehr" kann es hier nicht geben: Wenn man sich bei Jourdain zu Tisch begibt, dann haben sechs Köche ihre Kunst erprobt, dann spielt die Tafelmusik auf, die auch die verschiedenen "Temperamente" der servierten Speisen und Weine zu charakterisieren versucht.

Dann tragen Lakaien dampfende Schüsseln auf. Solch ein Festmahl entbehrt keiner Köstlichkeit:

Salm vom Rhein nach Pfalzgrafenart (dazu weißer Burgunderwein); Hammelkeule in italienischer Weis' (Wein von Bordeaux); Kleines Gericht von Drosseln und Lerchen auf Salbei und Thymian (Wein von Epernay); Omelett mit einer Überraschung (süßer Portugieser Wein).

Man kann der schmeichlerischen Marquise Dorimène nur zustimmen: "Das ist ein allzu prächtiges Souper, das Sie mir da geben!" Wir wollen nun die Speisenfolge näher betrachten – bis auf den Gang mit den Singvögeln, auf den wir gewiß verzichten können. (Strauss läßt in der Tafelmusik gleichsam die toten Drosseln und Lerchen noch einmal tirillierend in die Lüfte steigen: "Hören Sie, wie das, was gespielt wird, sich zu dem schickt, was man uns aufträgt", so wirft sich Jourdain in die Brust.)

RHEINSALM NACH PFALZGRAFENART
(Der frühere Name des Flußlachses ist Rheinsalm.)
1 Zwiebel, ½ Zitrone, ¼ l trockener Rheingauer Riesling, Essig, Salz,
einige Pfefferkörner, 4 Scheiben Lachs

FÜR DIE SAUCE:

4 Eier, einige EL Öl, ⅛ l saure Sahne, ⅛ l Joghurt,
siebenerlei Kräuter (je eine Handvoll): Borretsch (Gurkenkraut),
Kerbel, Kresse, Petersilie, Pimpinelle,
Sauerampfer und Schnittlauch, Salz, Pfeffer,
Saft von ½ Zitrone, 1 TL Senf

Die Zwiebel vierteln, die Zitrone in Scheiben schneiden, zusammen mit dem Wein in einen Topf geben und mit Essig, Salz und einigen Pfefferkörnern würzen.

Die Lachsschnitten hineinlegen und mit Wasser so weit auffüllen, daß der Fisch bedeckt ist. Bei mittlerer Hitze garen. Die Lachsscheiben vorsichtig herausheben, abtropfen und abkühlen lassen.
Für die Sauce vier Eier hartkochen. Das Eigelb auslösen und mit dem Öl zerdrücken und glattrühren. Die saure Sahne und den Joghurt dazugeben. Die feingehackten Kräuter darunterrühren und mit Salz, Pfeffer, dem Zitronensaft und dem Senf abschmecken. Das Eiweiß feinhacken und daruntermischen.
Die Lachsscheiben vorsichtig auf die Teller heben und mit ein wenig Sauce beträufeln. Übrige Sauce dazureichen.
Wenn der Lachs als Fischgang serviert wird, reicht man Weißbrot dazu. Als Hauptgericht passen kleine Pellkartoffeln oder sogar ein leichtes Püree dazu, mit dem man wunderbar die Sauce aufnehmen kann.

LAMMKEULE ITALIENISCH
1 Lammkeule, Salz, Pfeffer, 500 g Kartoffeln, 500 g Tomaten, Öl, 1 Bund Petersilie, 4 Knoblauchzehen, 1 Zitrone, 4 EL Paniermehl, 100 g Parmesan

Die Kartoffeln unter fließendem Wasser abbürsten, in Scheiben schneiden. Die Tomaten enthäuten und entkernen, dabei alles Flüssige entfernen. In Stücke schneiden.
Einen Bräter mit (Oliven-) Öl auspinseln, mit den Kartoffelscheiben und den Tomatenstücken auslegen, salzen und pfeffern.
Die Lammkeule mit Zitronensaft einreiben, salzen und pfeffern.
Die Petersilie und den Knoblauch fein hacken, mit abgeriebener Zitronenschale und Semmelbröseln mischen. Die Hälfte der Masse mit Olivenöl zu einer Paste verrühren, die Lammkeule damit rundum bestreichen. Die Lammkeule auf die Kartoffeln legen und bei 175°C im vorgeheizten Backofen 90 Minuten garen.
Die andere Hälfte der Kräutermischung mit dem frisch geriebenen Parmesan vermischen. Eine Viertelstunde vor Ende der Garzeit über den Braten streuen und das Ganze bei starker Oberhitze überbacken.
Dazu gibt es Spinat, mal anders: Blätter tropfnaß kurz erhitzen, derweil

Knoblauch in Olivenöl andünsten, Blattspinat dazugeben und 10 Minuten bei mäßiger Hitze darin wenden. Pinienkerne daruntermischen und mit Salz und Pfeffer würzen.

ÜBERRASCHUNGSOMELETTE

Für 6 bis 8 Personen
100 g Zucker, 3 Eigelb, 1 Orange oder 1 Zitrone,
1 gestrichener TL Vanillezucker, 4 EL Anislikör, 5 Eiweiß, 1 Biskuitboden,
½ l Vanilleeis

In einer Rührschüssel den Zucker und die Eigelb gründlich durchrühren, bis die Masse dickschaumig und von einem sehr weißlichen Gelb wird. Möglichst mit einem Spachtel arbeiten (das dauert etwa 20 Minuten) oder einen Handmixer bzw. eine Küchenmaschine nehmen. Die fein abgeriebene Schale einer ½ Orange oder einer ½ Zitrone, den Vanillezucker und 1 EL Likör in den Eischaum rühren. Die Eiweiß zu sehr steifem Schnee schlagen und ganz vorsichtig mit einem Spachtel unter die Eigelbcreme heben. Der Eischnee darf dabei nicht zerschlagen werden, damit die gesamte Masse luftig bleiben und aufgehen kann.

Den Biskuitboden mit dem Anislikör tränken. Mit 1/2 l Vanilleeis bedecken und der Schaumomelettemasse bedecken.

In den auf 175° C vorgeheizten Ofen schieben und das Omelette recht rasch von der Hitze angreifen lassen – freilich darauf achten, daß es sich nicht zu dunkel färbt: Sechs bis sieben Minuten sollten ausreichen. Kurz vor dem Ende der Backzeit mit feinem Zucker bestreuen und glasieren.

Daß das Überraschungsomelette sofort serviert werden muß, ist selbstverständlich; andernfalls ist der Schaum zusammengefallen und das Eis – die Überraschung! – im Innern verflossen.

Auf der Bühne entsteigt dem – ins Gigantische vergrößerten – Überraschungsomelett ein Küchenjunge und schnellt in temperamentvollem Tanz um die Tafel, geradeso als habe er und nicht die Gäste den Portugieserwein verkostet – mit dem im übrigen wohl kein Wein aus

Portugiesertrauben, sondern ein Wein aus Portugal, also ein Porto gemeint ist.

Hier wird polyglott gesungen
"Amtssprache ist Deutsch", so lauten die gesetzlichen Bestimmungen. Bühnensprache, so könnte man sagen, ist Italienisch. Die italienischen Komponisten und ihre Texter lassen ihre Chinesen, Ägypter, Franzosen, Amerikaner und Italiener italienisch singen – ganz selbstverständlich. (Wie Catalani einen Schweizer italienisch jodeln läßt, können Sie auf Seite 146 nachlesen.) Auch die deutschsprachigen Komponisten des 18. Jahrhunderts nahmen sich italienische Texter, um eine Oper all'italiana zu schaffen. Mozart z. B. hat zwei Drittel seiner Bühnenmusiken auf italienischen Text komponiert. Diese Sprache hat eben ihren Vorteil: Sie klingt schon gesprochen wie gesungen.
Gleich nach dem Italienischen kommt das Französische auf der Bühne zu Wort, vor allem in den Opern des 19. Jahrhunderts, und das Deutsche schließt sich mit einigem Abstand an. Englische, polnische und spanische Opern sind schon seltener, doch gibt es sogar Opern, in denen wird griechisch gesungen (Manolis Kalomiris "Konstantinos o Palaeogos"), ungarisch (Zoltàn Kodály "Székely fenö") oder finnisch (Armas Emanuel Launis "Seitsemän veljestä"). Auch das Dänische (Peter Arnold Heise "Drot og Mars"), das Hebräische (Josef Tal "Amnon va Tamar") und das Niederländische (Jan Blockx "De Bruid der Zee") sind bühnenfähig. Arabisch, Mongolisch oder Xhosa sind mir allerdings noch nicht untergekommen (ich bitte um Benachrichtigung). Und jetzt die Preisfrage: Welches bühnenmusikalische Werk bedient sich des lateinischen und des Mittelhochdeutschen? Es stammt natürlich nicht aus der Zeit, in der diese Sprachen noch in aller Munde waren, sondern ist das Werk eines Zeitgenossen. Es ist Carl Orffs "Carmina Burana"; Teil 2 und 3 seines Tryptichons "Trionfi" sind dagegen in Latein und Altgriechisch abgefaßt.

*
»Bleckende Zähne um mich her«
CARL ORFF: CARMINA BURANA
Dichtung vom Komponisten nach der Liederhandschrift des Klosters Benediktbeuren
Uraufführung 1937 am Opernhaus, Frankfurt/Main

Komische Oper, Musikalische Tragödie, Märchenspiel mit Musik, Musikalische Komödie, Romantische Oper oder einfach: Ein Stück mit Musik – so charakterisieren Komponisten ihre Werke. Die Bezeichnungen variieren und sind sich doch ähnlich. Einmalig dagegen ist Carl Orffs erläuternde Unterzeile zu seinen "Carmina Burana": Sein erstes Bühnenwerk untertitelte der bayerische Komponist "Cantiones profanae cantoribus et choris cantandae comitantibus instrumentis atque imaginibus magicis" ("Weltliche Gesänge, von Sängern und Chören zu singen, begleitet von Instrumenten und Zauberbildern"). Mit ihm wollte er an die Frühzeit des musikalischen Dramas anknüpfen. Seine Beschäftigung mit der Oper Monteverdis und mit der tänzerischen Musikerziehung, mit dem Kultisch-mysterienhaften und Volkstümlichen, als den Quellen des Musikdramas, prägten seinen musikalisch-dramatischen Stil. Trotz ihres Titels sind die "Carmina Burana" – die "Beurener Lieder" – kein Werk nur für die humanistisch gebildeten Stände: Volksliedhafte Melodien – von lyrisch bis furios – setzen sich im Ohr fest, unterlegt von funktionslosen Harmonien außerhalb des tonalen Systems und bekleidet von einem ostinaten Rhythmus, der die musikalischen Abläufe und den deklamatorischen Stil dominiert – wir kennen das ja von Beat, Techno und Rap. Dazu setzt Orff das klassische Orchester ein, verstärkt durch Schellen, Cymbeln, Becken, Gongs, Glocken, Xylophon, Kastagnetten, Ratsche – also das, was wir aus der musikalischen Früherziehung als "Orff-Instrumente" kennen.
Und dann geht's los.
Um was geht es? Um die Liebe und den Schmerz, das Glück und das Unglück, die Freuden und Leiden des irdischen Lebens. Textgrundlage bildet eine Sammlung von etwa 200 Liedern aus dem 13. Jahrhundert.

1803 wurde sie von dem Münchner Bibliotheksdirektor Christoph Freiherr von Aretin im Kloster Benediktbeuren in Bayern entdeckt und 1847 von Johann Andreas Schneller veröffentlicht; er gab der Sammlung auch den Namen, unter dem sie heute berühmt ist: Carmina Burana, Beurener Gesänge.

Zum fröhlichen Treiben hinter mittelalterlichen Klostermauern gehörten Essen und Trinken, ein wohlfeiler Genuß, dem die Brüder frönten, was Küche und Keller hergaben. Auch wenn schon Zeitgenossen wie Thomas Murner in seiner Straßburger "Schelmenzunft" gegen Völlerei und Trunksucht (und auch sexuelle Ausschweifungen) hinter Klostermauern andichteten, so gingen Essen und Trinken wohl mönchsmäßig in Ordnung, wie noch heute Käseschachteln, Bierflaschen und der beliebte "Mönch mit dem Weinglas" über der Wohnzimmercouch zeigen.

Und das, obwohl es durchaus Speiseverbote für die Klosterbrüder gab. Gerade der heilige Benedikt hatte seinen Brüdern in den Ordensregeln enge Beschränkungen auferlegt. So war es auch in Benediktbeuren verboten, das Fleisch vierfüßiger Tiere zu essen. Daran knüpfte sich ein langer Disput auf hohem geistigen und geistlichen Niveau, ob Geflügel zu den vierfüßigen Tieren gehöre. Hrabanus Maurus, Abt in Fulda und späterer Bischof von Mainz, fand schließlich eine nachgerade salomonische Lösung: Da die Vögel am selben Tag erschaffen worden waren wie die Fische und wie sie aus der Tiefe des Meeres gekommen sind, durfte das Geflügel, aus der Tiefe des Suppentopfes kommend, auch von den Mönchen gegessen werden.

Solch feinsinnige scholastische Argumente waren den Benediktbeurener Brüdern offensichtlich schnurz, und dem Sinnspruch "Trinken und essen mehr als tut not, ist der Seele ewiger Tod" lachten sie weinselig hohn: "Nach Sinnenlust dürstend, mehr als nach dem Heil, will ich, an der Seele tot, gütlich tun dem Leib!" singt der Mönch in der Schenke, seine Brüder tun's ihm nach und der Abt greift ebenfalls eher zum Glas als zum Brevier.

Die Fettlebe der Kuttenträger erweckte den Sozialneid der übrigen Kreatur. "Mancher Bauer wird grau wie Schimmel und hat nie Blancmange gegessen, Feigen, Hausen und Mandelkern: Rüben und Sauerkraut aß er", so beschrieb Hugo von Trimberg im 10. Jahrhundert den Unterschied in den Speisekarten.

In das Klagelied stimmte der geschröpfte Bauer im Schatten der Klostermauer ebenso ein, wie der gebackene Schwan: "Olim lacus colueram", erinnert der sich: "Einst schwamm ich auf den Seen umher, einst lebte ich und war schön", doch nun, so klagt er, "nun so schwarz und so arg verbrannt!" In seinem Schwanengesang aus der Klosterküche beschreibt das poetische Geflügel seine Tortur: Wie ihn der Koch dreht und wendet, wie sehr das Feuer brennt. "Jetzt liege ich auf der Schüssel und kann nicht mehr fliegen, sehe bleckende Zähne um mich her."

Ich nehme mal an, Sie hatten noch keinen Schwan auf der Tafel!? Im Mittelalter jedoch und bis in die Renaissance hinein war der Schwan, altes Symbol des Lichtes, der Reinheit und der Anmut, ein beliebtes Bratentier. Übrigens auch Kraniche und Pfauen, Bären, Biber, Eichhörnchen und Igel. Und wie schon die Hedonisten in römischen Salons waren auch bei den Klosteräbten und ihren Konkubinen die Zungen von Karpfen, Lerchen und Drosseln beliebt: "Des karpen zingly dunt ir verschlucken, des kalbskopffs hirn vnd druschen leber, hovwendt dreyn alsz dut eyn eber", heißt es bei dem erwähnten Thomas Murner.

Geflügel wurde in der Klosterküche wie schon bei den Römern oftmals immer noch zunächst gekocht und dann gebraten. Doch setzte sich langsam für Geflügel und andere Bratenstücke der Bratspieß durch. Im Gesang 130 der Beurener Gesänge schildert der Schwan, wie "das Feuer mich gewaltsam brät, der Bratspieß sich dreht und dreht."

In unseren Einbauküchen sind die Feuerstellen meist nicht für diese Art der Zubereitung ausgelegt; wir packen daher den Schwan in die Röhre.

Sie werden fragen: Wo bekomme ich einen Schwan her, ohne nachts im Stadtpark zu wildern? Natürlich können Sie den Schwan problemlos durch eine Gans ersetzen; dieses Rezept aus der mittelalterlichen Klosterküche funktioniert mit diesem Federvieh genauso.

SCHWAN BENEDIKTBEUREN – *Cignus buranus*

1 Schwan, Salz, Pfeffer, Fenchelsamen, Kümmelpulver, 5 EL Honig

FÜR DIE FÜLLUNG:

*500 g Birnen, 250 g Dörrfleisch, 3 Zwiebeln,
15 Wacholderbeeren, 1 Bund Petersilie*

FÜR DIE SAUCE:

*4 Eier, Schwanenherz, 1/2 l Hühnerbrühe, 1 Bund Suppengrün,
75 g Paniermehl, Schwanenleber, 200 g Hühnerleber,
1 starke Prise Kümmelpulver, Salz, Pfeffer, 3 EL Essig, 2 Zwiebeln,
2 säuerliche Äpfel, 1 Prise Safranpulver*

Den Schwan von innen und außen salzen und pfeffern und mit Fenchelsamen und Kümmelpulver einreiben.

Für die Füllung Birnen schälen, entkernen und würfeln, das Dörrfleisch und die Zwiebeln würfeln, die Wacholderbeeren zerdrücken, die Petersilie hacken, pfeffern und salzen und alles vermischen. Den Schwan damit füllen, zunähen.

Auf die Fettpfanne einen Bratrost legen. Den Schwan mit der Brust nach unten darauflegen und in den auf 200°C vorgeheizten Ofen schieben. Nach 15 Minuten rundum mit einer Nadel einstechen, 2 Liter heißes Wasser in die Fettpfanne gießen. Den Schwan während der Bratzeit immer wieder aus der Fettpfanne begießen.

Nach einer Stunde den Schwan wenden. Weitere zwei Stunden braten lassen.

Eine Tasse Wasser mit 5 EL Honig mischen und den Schwan mit der Mischung begießen.

Für die Sauce die Eier hartkochen. Das Suppengrün putzen und kleinschneiden. Das Herz des Schwans in Würfel schneiden. Die Hühnerbrühe mit dem Suppengrün aufsetzen und aufkochen. Schließlich das Herz hinzufügen.

Nach einer Stunde eine Suppentasse Brühe abnehmen, die Lebern darin garen, dann mit der Brühe durch ein Sieb passieren. Das Herz dazugeben, das Paniermehl einrühren, die gekochten, gewürfelten Eier dazugeben. Mit dem Kümmel, Salz, Pfeffer und ein wenig Essig würzen.

Die gehackten Zwiebeln im Schwanenfett glasig dünsten, dann die geschälten, gehackten Äpfel dazugeben. Beides in die Sauce rühren. Den Safran einrühren und noch einmal mit allen Gewürzen kräftig abschmecken.

Sehen Sie zu, daß Ihnen der Schwan beziehungsweise die Gans nicht "modo niger et ustus fortiter" ("so schwarz und so arg verbrannt") gerät. Dazu gibt es Kartoffelknödel, Maronenpüree und Wirsinggemüse. Und: keinen Rotwein, sondern Dunkelbier!

"So nehm' ich mein Frühstück für genossen!"

Das Frühstück ist keine Mahlzeit mit großem gesellschaftlichem Ansehen. Zwar wird auch auf der Bühne hin und wieder gefrühstückt, aus dramaturgisch bedeutsamen Motiven sogar, doch meistens werden kein Räucherlachs, kein Schinken, kein Ei, keine Marmeladenbrötchen oder Mandelhörnchen dabei aufgetragen. In Giselher Klebers Oper "Jacobowsky und der Oberst" (Dichtung vom Komponisten nach Franz Werfels gleichnamigem Bühnenstück, Uraufführung 1965 an der Staatsoper, Hamburg) wird – zwar auf der Flucht und am Straßenrand, aber dennoch und immerhin – üppig gefrühstückt. Auch dem Revisor in Werner Egks gleichnamiger komischer Oper (Dichtung vom Komponisten nach Nikolaj W. Gogols gleichnamiger Komödie, Uraufführung 1957 am Schloßtheater Schwetzingen durch das Staatstheater Stuttgart) wird im Armenhaus ein ausgedehntes Morgenmahl serviert. Doch das sind zeitgenössische Ausnahmen; ansonsten ist auf der Bühne die Frühstückskultur auf den Hund gekommen.

In Giovanni Battista Pergolesis Intermezzo "Die Magd als Herrin" ("La serva padrona", Dichtung von Gennaro Antonio Federico, Uraufführung 1733 am Teatro San Bartolomeo, Neapel) führen sich die Charaktere der Handlung mit dem Frühstück ein: Seit drei Stunden wartet Uberto darauf, daß ihm seine Dienerin Serpina die Frühstücksschokolade serviert. Schließlich erklärt sie ihm schnippisch, daß es fürs Frühstücken jetzt zu spät sei. Uberto resigniert: "So nehm' ich mein Frühstück für genossen".

Die heiße Schokolade ist weniger eine vollwertige Mahlzeit als ein Statussymbol, und bevor es lösliches Kakaopulver gab, war die Zubereitung des Schokoladentrankes ein Zeremoniell, für das es eigene Gerätschaften gab.

Der bittersüße Trank war freilich auch eine willkommene Metapher für die dramatischen Vorgänge auf der Bühne. Bittersüß – so ist auch das Techtelmechtel der reifen Feldmarschallin Fürstin Werdenberg mit ihrem jungen Liebhaber Octavian: Wenn die beiden im 1. Akt von Richard Strauss' "Der Rosenkavalier" (Dichtung von Hugo von Hofmannsthal, Uraufführung 1911 in der Hofoper, Dresden) im Bett frühstücken, serviert auch hier der schwarze Kammerdiener eine heiße Schokolade.

Zwischenspiel
Fabelhaftes Tischlein-deck-dich

Es war einmal...
Es war einmal, da das Wünschen noch half, da Schicksalsknoten auf die verwirrendste Weise geknüpft und wie von Zauberhand gelöst wurden, da das Gute scheinbar ohnmächtig gegen das Böse kämpfte und schließlich doch gewann, da die Liebe, alles in allem, ewiglich währte.
Die Welt der Oper ist, so oder so, eine Welt der Illusion und der Magie; und sie ist eine Provinz des Zauberreichs der Märchen und Sagen. Eine Welt, in der die Tiere sprechen (und singen), in der Hexen ihren Zauber wirken, in der haarige, stachlige oder glitschig-nasse Wesen zu reizenden Prinzen werden, in der die Götter zu den Menschen hinabsteigen, um allzu menschlich zu werden.
Und in der die Menschen ganz nah an das Göttliche heranreichen.

*

»Lieben Sie Kaninchenfleisch?«
LEOŠ JANÁČEK: DAS SCHLAUE FÜCHSLEIN
Oper in drei Akten
(Prihody lišky Bystroušky)
Dichtung vom Komponisten nach einer Erzählung von Rudolf Těsnohlídek
Uraufführung 1924 an der Tschechischen Oper, Brünn

Wenn der Fuchs die Gans zum Essen einlädt, dann weiß man, was auf den Tisch kommt. Seit der Fuchs-Tenor das Sopran-Füchslein kennengelernt hat, geht ihm allerhand durch den Kopf, was der Angebeteten Gaumen und Magen erfreuen könnte. Es muß schon etwas Besseres sein als Hühnerragout, denn das hat sie alle Tage. "Was bist du so geizig?" bellt sie den Förster an: "Hast von alledem genug." Und in typisch füchsischer Logik: "Betteln ist meine Art nicht, drum muß ich mir was nehmen."

Dem Förster, der sie an die Kette gelegt hat, ist sie entlaufen, den alten Dachs hat sie aus dem Bau gejagt, jetzt verdreht sie Zlatohčrivek, dem Füchslein "Goldstreif", den roten Kopf.

Nicht anders geht es ja bei den Menschen zu, wo Terynka dem Schulmeister und dem Förster den Kopf verdreht und schließlich den Wilddieb heiratet. Der wiederum schießt das Füchslein tot, damit seine Braut einen feinen Muff bekommt, während draußen im Wald ein kleines Füchslein heranwächst, das gar dem Förster im Traum erscheint, um ihn zu necken.

Dieser Kreislauf von Leben und Sterben, von Lieben und Verlassen, vom Werden und Vergehen ist das eigentliche Thema der Oper, in durchsichtiger Instrumentation und impressionistischen Klangfarben mit Anklängen ans Mährisch-Volkstümliche ins Werk gesetzt. Der Tod der Füchsin ist nicht der tragische Höhepunkt, so sehr uns Bystrouška ans Herz gewachsen ist. Der Traum des Försters vom kleinen Füchslein, das die Rolle seiner Mutter weiterspielt, hellt das "heitere Stück mit einem traurigen Ende" (Janáček) auf. Wieder wächst ein Schlaukopf im Wald heran, eine Draufgängerin wie ihre Mutter selig.

Mit ihrer zupackenden Art hat's ja damals bei der Fuchsmutter auch mit dem Nachbarn geklappt. Der erstarrte voller Bewunderung: "Die moderne Frau, ein Idealtyp!" Sie merken jetzt, diese Tieroper ist kein Kinderspiel, auch wenn es darin fabel-haft zugeht. Und womit gewann der Jungfuchs das Herz des Schlauköpfchens? Nun – auch bei Fuchsens geht die Liebe durch den Magen: "Lieben Sie Kaninchenfleisch?" – "Bis zum Wahnsinn!" Und weil es sich um böhmische Füchse handelt, wird auch das Kaninchen böhmisch zubereitet.

KANINCHEN BYSTROUŠKA

1 Zwiebel, 2–3 große Karotten, einige Pfeffer- und Pimentkörner, einige Wacholderbeeren, 2 Lorbeerblätter, Majoran, Thymian, Salz, 1 Hauskaninchen, 200 g süße Sahne

Die Zwiebel und die Karotten in Scheiben schneiden. Zusammen mit den Gewürzen und etwa 1½ Liter Wasser aufsetzen. Das Kaninchen teilen (Rücken, Läufe). Wenn das Wasser kocht, die gewaschenen Kaninchenstücke dazugeben. Aufsteigenden Schaum abnehmen. Etwa anderthalb Stunden sanft köcheln. Die Fleischstücke herausnehmen und warmstellen. Lorbeerblätter und – soweit möglich – Gewürzkörner herausnehmen. Das Gemüse pürieren. Soviel Flüssigkeit abnehmen, wie man als Sauce verwenden möchte. Die Sahne (oder mit Mehl verrührte Sahne) unterziehen und noch einmal aufkochen. Abschmecken.
Die restliche Brühe ebenfalls abschmecken und als Suppe servieren.
Dazu gibt es

KRAUTFLECKERLN

200 g Sauerkraut, 350 g Mehl, 1 Ei, Salz, Pfeffer, 6 EL süße Sahne

Das Sauerkraut gut abtropfen lassen und mit dem Wiegemesser ganz fein schneiden. Mit den übrigen Zutaten gut vermischen und schließlich durchkneten. Etwa einen Zentimeter dick ausrollen und in Quadrate schneiden. Auf dem mit Backpapier ausgelegten Backblech bei 180 °C etwa 10 Minuten backen. Gegen Ende der Backzeit mit einem verschlagenen Eigelb bestreichen.
Und danach stellt man im Fuchsbau die altbekannte Frage: "Rauchen Sie auch?" – "Nein, noch nicht." Na ja, das bleibt ja auch so im Pelz hängen…

"Teller leer, Keller leer, und im Beutel ist gar nichts mehr"
ENGELBERT HUMPERDINCK, HÄNSEL UND GRETEL

*

»Bohnen, Zwiebeln und herrjeh! Gar ein viertel Pfund Kaffee«

ENGELBERT HUMPERDINCK: HÄNSEL UND GRETEL
Märchenspiel in drei Bildern
Dichtung von Adelheid Wette nach dem Märchen der Gebrüder Grimm
Uraufführung 1893 im Hoftheater Weimar

Nicht alle Märchen beginnen mit den Worten: "Es war einmal". Die Gebrüder Grimm lassen ihre Geschichte von dem armen Geschwisterpaar so anfangen: "Vor einem großen Walde wohnte ein armer Holzhacker mit seiner Frau und seinen zwei Kindern; das Büblein hieß Hänsel und das Mädchen Gretel."

Erzählt hat die Geschichte den märchensammelnden Grimms eine gewisse Dorothea Viehmann, "die unglaublich viel weiß und sehr gut erzählt", wie Wilhelm Grimm berichtete. "Die Frau kriegt jedesmal ihren Kaffee, ein Glas Wein und Geld obendrein." Damit hatten die Gebrüder alle Verwertungsrechte abgegolten.

Im Märchen von Hänsel und Gretel dreht sich alles ums Essen. "Er hatte wenig zu beißen und zu brechen", heißt es vom Holzhacker, "und einmal (...) konnte er auch das tägliche Brot nicht mehr schaffen". Da müssen die Kinder – so leid es den Eltern tut – aus dem Haus.

In der Operndichtung von Adelheid Wette, der Schwester des Komponisten, sind Hänsel und Gretel verspielte und unnütze Kinder, und die Mutter jagt sie davon, als sie ihr den Milchtopf zerbrechen. Der Fortgang ist bekannt: Die Kinder finden das Knusperhäuschen "aus Brot gebaut und mit Kuchen gedeckt": "Da wollen wir uns dran machen", frohlockt der ausgehungerte Hänsel. Doch auch die Hexe selbst denkt nur ans Essen, als sie den Buben sieht, und ihr entfährt (beiseit): "Das wird ein guter Bissen werden!"

Inzwischen erlebt der Vater – in der Oper ist er Besenbinder – einen konjunkturellen Aufschwung und kommt mit einem Rucksack voller Leckereien nach Hause: "Mann, was seh ich? Speck und Butter! Mehl und Würste ... vierzehn Eier – Mann! Sie sind jetzunder teuer! – Bohnen, Zwiebeln und herrje! Gar ein viertel Pfund Kaffee!"

Was macht man aus solcher Fülle? Na: Eine Besenbinder-Vesper. Und die geht so:

BESENBINDER-VESPER

PRO PERSON: *1 Tasse weiße oder rote Bohnen,*
3 Kartoffeln, 1 Bauernmettwurst, 50 g Speck, 2 Eier, Salz,
Pfeffer, Muskat

Die Bohnen am Vorabend in warmem Wasser einweichen. Am nächsten Tag mit frischem Salzwasser aufsetzen und etwa 1 ½ Stunden weichkochen. (Ersatzweise Bohnen aus der Dose.) Die Kartoffeln in der Schale kochen, pellen. Die Würste mehrmals einstechen und in siedendem Wasser erhitzen. Die Speckwürfel in einer Pfanne auslassen, die Kartoffeln in Scheiben dazugeben und anbräunen. Die Bohnen abgießen und zu den Kartoffeln geben. Die Eier verschlagen, salzen, pfeffern und mit Muskat abschmecken. In die Kartoffel-Bohnen-Pfanne rühren, bis die Eier stocken. Mit den heißen Würsten auf dem Teller anrichten.
Dazu paßt durchaus eine Tasse Kaffee – Vater Besenbinder hat ja ein Viertel Pfund im Rucksack!
Unterdessen ist den Kindern im Wald der schmale Proviant ausgegangen. Doch auch ihnen kann der gute Geist helfen, der im Märchen seine Hand über alle Unschuldigen hält. Nein, auf sie warten nicht Speck und Bohnen, weder Eier noch Mettenden – viel Besseres hält der Märchenwald für sie bereit: "Von Kuchen und Torten ein Häuslein gemacht! Mit Fladen, mit Torten ist's hoch überdacht! Die Fenster wahrhaftig wie Zucker so blank, Rosinen gar saftig den Giebel entlang! Und – traun! Rings zu schau'n gar ein Lebkuchen-Zaun!"
Hänsel und Gretel haben das Knusperhäuschen entdeckt, in dem freilich kein "Waldprinzeßchen" residiert, wie sie vermuten, sondern "Rosina Leckermaul", die Hexe der Fabel. "Schokolade, Torten, Marzipan, Kuchen, gefüllt mit süßer Sahn'" verspricht sie den beiden, die mächtig erschrocken sind. All das und alles andere ("Johannisbrot und Jungfernleder und Reisbrei – auf dem Ofen steht er"), was die Hexe den

Kindern verspricht, hat Generationen von Märchenvorlesern und Märchenzuhörern offensichtlich bei weitem nicht so beeindruckt wie das Lebkuchenhaus selbst. Seit den Gebrüdern Grimm ist ein Hexenhaus eben ein Lebkuchenhaus, und alle Jahre wieder zur Weihnachtszeit werden in deutschen Familien Lebkuchenhäuser fabriziert.

Das liegt wohl auch daran, daß Honigkuchen nicht schwer zu backen ist und in der Kastenform oder auf dem Blech in großen Mengen hergestellt werden kann. So kann ein Lebkuchenhaus sozusagen in Plattenbauweise errichtet werden – es muß ja auch nicht lange überleben!

LEBKUCHENHAUS

200 g Zucker, 20 g Butter, 500 g Mehl, 1 Päckchen Backpulver, 1 Zitrone, ½ TL Zimt, je 1 Prise Muskat, Kardamom, Nelkenpfeffer, 3 Eigelb

Den Zucker in der Butter auf dem Herd unter ständigem Rühren auflösen. Abkühlen lassen. Das mit dem Backpulver gesiebte Mehl nach und nach in die Zuckermasse einrühren. Die Schale der Zitrone abreiben, mit den Gewürzen und den Eigelb ebenfalls in die Masse rühren. Den Teig durchkneten und eine halbe Stunde ruhen lassen.

Teig 1 cm dick quadratisch ausrollen. Im vorgeheizten Backofen bei 175° C 15–20 Minuten backen. Auf einem Gitter auskühlen lassen.

Die einzelnen Teile des Lebkuchenhauses auf Papier zeichnen und ausschneiden. Auf die Lebkuchenplatte legen und mit scharfem Messer ausschneiden. Für ein komplettes Haus benötigt man drei oder vier solcher Platten, je nach Größe und Ausstattung. Die einzelnen Platten werden mit Zuckerguß miteinander und auf der Bodenplatte befestigt.

Räucherfleisch statt Orden

Als Max Maria von Weber, der Sohn des Komponisten Carl Maria von Weber, Gioacchino Rossini nach dessen Rückzug von der Bühne besuchte und fragte, warum er nicht mehr komponiere, zeigte der auf seinen Schrank: "Sehen Sie diesen Schrank voll Noten? All dies habe ich seit 'Guilleaume Tell' komponiert. Aber ich veröffentliche nichts und ich komponiere, weil ich nicht anders kann." Und ein anderes Mal erklärte er sich so: "Ich empfand das Bedürfnis nach Ruhe (...) così finita la comedia ('so endet die Komödie')."

In diesem Schrank voller Noten befanden sich allerhand Leichtgewichte, darunter Stücke, die der Feinschmecker mit den ausgefallensten Titeln belegte: "Quatre hors-d'œuvres" ("Vier Vorspeisen"), "Hachis romantique" ("Romantisches Hackfleisch"), "Ouf! Les petits pois" ("Uff! Die kleinen Erbsen") oder gar "Rhizinuswalzer".

Das Essen und das Trinken lagen ihm doch sehr am Herzen, und es zieht sich wie ein roter Faden durch seine Briefe. "Ihr habt mich mit Eurer letzten Sendung von Trüffeln und Oliven niedergeschmettert", heißt es am 10. März 1835 in einem Schreiben an seinen Freund Giovanni Vitali, "jedoch versichere ich Euch, daß meine Beschämung keineswegs auf meinen Gaumen Einfluß hat". An denselben schreibt er einmal: "Du hast mich im Stich gelassen (...) Ich war schließlich böse auf Dich. Als ich aber die beiden Fäßchen mit erlesensten Oliven ankommen sah, war ich wieder versöhnt."

An den Marquis Conti-Castelli ergeht am 11. Februar 1845 die Bitte, die Führer der Bauernschaft "zur Kostprobe eines Vorderschinkens aus San Secondo zu beehren".

Wie sehr er nicht nur am Essen, sondern auch an der Zubereitung interessiert war, zeigt ein Brief wie der, den er am 3. Januar 1850 aus Florenz in seine Heimat schrieb: "Und nun habe ich noch eine Bitte an Dich: schicke mir für meinen Koch das Rezept für die Zubereitung der Teigtörtchen auf neapolitanische Art; nenne mir die nötigen Bestandteile, die Mengenverhältnisse und was man alles tun muß, um das Gericht vollkommen zuzubereiten." Es handelte sich um Zepolle alla napoletana, süße oder mit Käse gefüllte Teigtaschen.

Aber auch Rossini selbst war großzügig. Dem Fürsten Carlo Poniatowski, "Ersten unter den Musikliebhaber", sandte er zu Neujahr 1851 – nicht zum ersten- und letztenmal – "ein Paket mit zwei Salami aus Modena, bestehend aus zwei gefüllten Schweinsfüßen und zwei Kopfschwarten".

"Der sogenannte Schwan von Pesaro an den Adler der Estensischen Delikatessenhändler", so adressiert Rossini seine Briefe an Giuseppe Bellentani in Modena, Lebensmittelhändler und (daher) Freund Rossinis.

Seine Freunde wußten, was den "Exkomponisten" fern der Heimat entzücken konnte. Marquis Antonio Busca etwa scheint ihn regelmäßig versorgt zu haben: "Orest und Pylades (die beiden Stracchinikäse) sind in bester Verfassung angekommen. Diese beiden Kleinodien (...) sind ein Trost für mein Herz, meinen Magen und meine Eigenliebe", so bedankt sich der Empfänger, und ein andermal: "Ich dank für die Gorgonzoleser Zwillinge. Die gallischen Freunde ziehen die Buttemilch dem Käse vor, was der Bevorzugung der Romanze vor dem Konzertstück gleichkommt. Ach, was für Zeiten! O Elend!" Welchen Stellenwert diese Delikatessen für Rossini hatten, zeigt ein Brief an einen Wohltäter, der ihm eine Ehrung zukommen lassen wollte. "Herr Graf, ich bat Euch um geräucherte Fleischwaren, nicht um Orden. Diese kann ich überall haben; die Fleischwaren dagegen sind eine Spezialität von Euch. Ich sende Euch Patent und Insignien zurück."

*

»Bringet den Schweinskopf"

CESAR BRESGEN: DER IGEL ALS BRÄUTIGAM
Oper für große und kleine Leute in fünf Bildern
Dichtung vom Komponisten, gemeinsam mit Ludwig Andersen
Uraufführung 1948 im Stadttheater Esslingen

Wird's ein Junge, wird's ein Mädchen? Egal. Hauptsache, es ist gesund! Was aber, wenn's ein Igel wird? Das gibt's freilich nur im Märchen, doch da sind solche Vorfälle alltäglich: Kinder, klein wie Däumlinge, und solche Sachen oder eben Igel in der Kinderstube. Das passiert nicht im Königspalast und nicht im gutbürgerlichen Heim; das widerfährt nur Bauern, Besenbindern und Fischersleuten.

Aber wenn's dann da ist, muß man's halt doch liebhaben, da ist nun mal auch Pro Familia mit dem Latein am Ende. "Hab' großen Durst, will was haben, Milch und Wurst, Fisch und Salat! Nun gebt was her! Bin euer Söhnlein, was wollt ihr mehr?" Sofort steht die wirtschaftliche Frage im ärmlichen Raum. "Er wird uns fressen bettelarm!" erkennen der Fischer und seine Frau, nicht anders als viele Millionen Eltern. Und die haben bloß Menschenkinder durchzufüttern. Dieses Kind hat allerdings genaue Vorstellungen von seiner Ernährung, will außer dem erwähnten noch Majoran ("Er kann schon ‚Majoran' sagen! Sag der Tante noch mal ‚Majoran'!"), Brot und Schmalz, will Honig schlecken, will Pimpernell und ein gutes Süpplein. Diese für ein Mitglied der Familie der Erinaceidae untypische Speisen weisen schon darauf hin, daß es sich nicht wirklich um einen Igel handelt.

Nein, mit dem Igel kommt die Prüfung in die Welt: Welches Herz kann in reiner, uneigennütziger und bedingungsloser Liebe den in jeder Hinsicht "spitzigen" Igel in einen schönen Jüngling verwandeln? Cesar Bresgen hat "Der Igel als Bräutigam" ja auch nicht für Erwachsene geschrieben – denen ist sowieso nicht mehr zu helfen. Es ist eine Märchenoper für Kinder, die auch von Kindern aufgeführt werden kann.

Die Melodien sind eingängig, ohne einfältig zu sein; manches Intervall, manche Harmonie steht ganz entschieden gegen den Strich. Doch ambitionierte Kinderchorleiter, die über ein paar Sängerinnen und Sänger mit Bühnentalent verfügen, können mit dem "Igel" richtig Oper machen.

Die Freude am Umgang mit Kindern war nach Bresgens Worten für ihn "eine der wesentlichen Antriebsfedern überhaupt gewesen, wobei ich auch an meine eigenen Kinder denke, für die ich ursprünglich die kleineren Sachen geschrieben hatte, ohne zu ahnen, daß z.B. mein 'Igel als Bräutigam' einen so internationalen Erfolg haben würde."

So richtig aufdrehen können die Darsteller im vierten Bild, wenn der Igel in das Mittagsmahl des Königs hineinplatzt und um die Hand der Königstochter anhält. Der König von Märchenland muß nicht wie die Kinder im Publikum essen, was auf den Tisch kommt. Er kommandiert geradeso, wie es der Igel getan hat und wie es alle Kinder der Welt mit ihren Eltern gern tun würden. Bresgen schreibt hier als dynamischen Ausdruck schlichtweg "stark" vor: "Bringet den Schweinskopf! Und auch die Brathühner sollt ihr nicht vergessen!" Und weiter ("dolce"): "Und die zarten Forellen!" Der Mann hat Stil und Appetit! Frische Salate, Krebse, Pilze und (dolce) süße Melonen, neue Kompotte. Und dazu? ...ein kühler Wein!

BRATHÄHNCHEN KÖNIGLICH

1 Brathähnchen, Butter, Öl, 1 Zwiebel, 1 Karotte, ¼ Sellerieknolle, Thymian, Salz, Pfeffer, ¼ l trockener Weißwein, 3 EL saure Sahne

Das Hähnchen in sechs Teile zerlegen (Keulen, Flügel und zwei Brusthälften). Butter und Öl zu gleichen Teilen in einer Pfanne erhitzen, die Hähnchenteile darin anbraten. Herausnehmen und warmstellen.

Die Zwiebel hacken und in dem heißen Fett glasig dünsten, die Karottenscheiben und die Selleriewürfel hinzufügen. Salzen, pfeffern und mit gerebeltem Thymian würzen. Die Hähnchenteile darauflegen, den Wein angießen und 30 bis 40 Minuten köcheln lassen.

Das Fleisch herausnehmen, den Bratensatz ablösen und alles durch ein Sieb streichen. Wieder erwärmen, nachwürzen und mit der Sahne binden.

Königskinder essen dazu gern Karottengemüse und Pommes frites, ihre erwachsene Dienerschaft gönnt sich dazu ein Gläschen Riesling.

*
»Heilender Trank und giftige Speise«
ENGELBERT HUMPERDINCK: DIE KÖNIGSKINDER
Märchenoper in drei Aufzügen
Dichtung von Ernst Rosmer (Elsa Bernstein)
Uraufführung 1910 an der Metropolitan Opera, New York

Vielen Speisen sagt man erstaunliche Wirkungen nach, vor allem Kräutern und Gewürzen, mit denen sie aromatisiert werden. Und obwohl man von manchem Koch, mancher Köchin sagt, sie zaubere, wird niemand ernsthaft behaupten wollen, er verfüge tatsächlich über magische Kochkünste. Das ist dem Märchen vorbehalten, den Hexen vor allem, deren Kochbücher voller ungewöhnlicher Rezepte sind. Man nehme Krötenblut und Spinnenbein, so heißt es da, und wenn es im Topf gerührt wird, dann unter dem Hersagen von magischen Sprüchen. Doch zur Hexe muß man geboren sein, und so wie manch einem nie eine ordentliche Béchamelsauce gelingt, so bringt mancher Zauberlehrling niemals was Ordentliches in der Hexenküche zustande: "Wärst nur sinnegescheiter und merktest dir ein, was ich mit Mühen dich weise von heilendem Trank und giftiger Speise", schimpft dann die Hexenmeisterin.
Eher wird aus der Gänsemagd eine Prinzessin als eine würdige Nachfolgerin ihrer Ziehmutter. Und tatsächlich kommt eines Tages ein Königssohn auf der Suche nach einer Braut vorbei. Noch muß er ohne sie davonziehen, doch das Schicksal führt sie wieder zusammen.
Allerdings erkennen die Bürger von Hellabrunn im Schweinehirten und der Gänsemagd nicht den Adel der Geburt und der Gesinnung und sie jagen die Königskinder aus der Stadt. Halbverhungert kommen die beiden zur Hexenhütte zurück. Der Holzhacker wohnt jetzt dort und für die halbe Königskrone gibt er ihnen ein Laibchen Brot, das sie sich teilen.
Würde sich die Gänsemagd nur an jenen Morgen erinnern, an dem sie ihr "gutes Hexenstück" produzierte: "Nun sieh dir mit klugen Augen an, was du geknetet. Es wird nicht hart, es wird nicht alt", so hatte die Alte

ihr das Backwerk angepriesen. Heutzutage in Zeiten, da das Wünschen und Hexen nichts hilft, nimmt die Backzunft Sorbinsäure bzw. Propionsäure als Konservierungsstoff (um genau zu sein: zugelassen für verpacktes Schnittbrot, Weichbrötchen und vorgebackene Backwaren sowie brennwertvermindertes Ganzbrot).

Doch ist das Brot nicht nur haltbar geblieben, auch seine Zauberkraft hat es behalten, denn es "verliert nicht seine schlimme Gewalt". Was sagte die Hexe damals?: "Wer es hälften ißt, stirbt ganzen Tod."

So ist das mit den Kindern: hören nicht zu. Und so geschieht es: Während die beiden, engumschlungen, dem späten Fluch der Hexe erliegen, deckt sie der leise rieselnde Schnee zu.

Vorhang, Applaus.

Der war frenetisch, 1910 bei der Uraufführung in der New Yorker Met (übrigens nur 18 Tage nach Puccinis "Mädchen aus dem Goldenen Westen" und die zweite Uraufführung in der Geschichte des Opernhauses). Attraktion der New Yorker Inszenierung waren zwölf lebende Gänse, die im 1. Akt auftraten. Geraldine Farrat, die Darstellerin der Gänsemagd, hatte die Tiere während der Proben so an sich gewöhnt, daß sie sich im wesentlichen an die Regieanweisungen hielten.

Über den weiteren Karriereweg der Gänse nach Ende der Laufzeit der "Königskinder" ist nichts bekannt. Allerdings bleibt auch die Backanleitung des "Hexenbrotes" im dunkeln. Und so ist dies der einzige Abschnitt des Buches, bei dem ich ein Rezept schuldig bleiben muß.

Während der Salzburger Festspiele saß Richard Strauss einmal mit Gustav Mahler in einem Wirtshaus. Die Gäste ringsum versuchten gespannt, etwas von dem gewiß tiefsinnigen Gespräch zu belauschen, als Strauss die Stimme hob: "Ja, wenn Sie zum Gulasch nicht genau soviel Zwiebel nehmen wie Fleisch, dann wird's nix."

*
»Herrlich ein Gastmahl wollen wir rüsten«
RICHARD STRAUSS: DAPHNE
Bukolische Tragödie in einem Aufzug
Dichtung von Joseph Gregor
Uraufführung 1938 an der Staatsoper, Dresden

Und wenn die großen Geister auch noch so sehr gegen die Genußsucht wetterten: Die Griechen hielten und halten es mit Epikur: "Ursprung und Wurzel alles Guten ist die Lust des Bauches". Und die Lust des Bauches teilt man mit Freunden, denn ein Gast macht ein Essen zum Mahl, zum Gastmahl. Nicht umsonst ist der Gast nicht nur xénos (was auch "Fremder" heißt), sondern er ist vor allem syndeipnos – und das heißt soviel wie "Mitesser".
Zum griechischen Mahl gehören nicht nur Essen und Trinken, sondern auch Gespräch und Musik, Tanz und Gesang. In den sagenhaften Zeiten, in denen Strauss' Daphne, die Titelfigur der gleichnamigen Oper, lebte, geriet eine solche Party als Gesamtkunstwerk leicht zum dionysischen Fest, zum kultischen Besäufnis, wo man schon mal behufte Satyrn aus dem Hain traben und sich unter die Festgesellschaft mischen sah – sehr zum Schrecken attischer Jungfrauen.
Manchmal aber erscheint sogar Apoll. (Sehr zur Freude attischer Jungfrauen.) Auch Daphne begegnet dem strahlenden Lichtgott gelegentlich eines solchen geselligen Beisammenseins. Ihr Vater Peneios hat die Schäfer zum abendlichen Schmaus am Fuße des Berges Olymp zusammengerufen, und alle, alle kommen. Auch Leukippos, alter Freund der Familie und sozusagen die Sandkastenliebe der Daphne. Und Apoll, im Gewand eines Rinderhirten, der Daphne ebenfalls begehrt. Verwirrung der Herzen, Schuld und Sühne sind die klassischen Folgen dieser dramatischen Konstellation.
Strauss' Gedanken über den Stoff und seine Bewältigung für die Opernbühne sind ausführlich schriftlich belegt. Sein Textdichter Joseph Gregor hat dem Komponisten drei Textfassungen vorlegen müssen, bis der einverstanden war ("schlecht imitierter Homer-Jargon" war noch

das Harmloseste, was sich der arme Gregor anhören mußte). Blatt für Blatt hat er schließlich die Reinschrift des Librettos dem unnachgiebigen Strauss vorgelegt, der die Zeilen sofort vertonte.

Er hat dafür eine Tonsprache gefunden, die das Sinfonische mit dem Lyrischen verbindet, ein großes episches Poem, die "melodiöseste Schöpfung des alten Meisters", nannte Romain Rolland das Werk. Mit dem dramma per musica "La Dafne" des Florentiners Jacopo Peri nach dem Libretto von Ottavio Rinuccini hatte 1594 die Geschichte der Oper überhaupt begonnen (die Musik ist verlorengegangen), mit der "Dafne" des Heinrich Schütz und des Martin Opitz 1627 diejenige der deutschen Oper (auch hier ist die Musik verloren). Mit Strauss' Bearbeitung des gleichen Stoffes hat sie einen letzten Höhepunkt erlebt.

Er hat das Mysterienspiel in eine Tragödie mit psychologisch gezeichneten Charakteren gewendet. In den Mittelpunkt stellt er – wieder einmal – das Schicksal einer Frau, die anders ist als andere, anders vor allem, als es von ihr erwartet wird: "Fremd ist mir alles, einsam bin ich." Daphne als menschliche Verkörperung der Natur wird von dem apollinischen und dem dionysischen Element berührt, die sie beide in ihrer Unschuld erahnt, aber nicht begreift. Apoll küßt Daphne und tötet seinen Rivalen Leukippos; damit hat er sich gegen sein Gottsein vergangen und muß dies mit Verzicht sühnen. Sein Vater Zeus verwandelt Daphne in einen Lorbeerbaum (griechisch: dáphnä), das ewig grüne, göttliche Symbol der Ehre.

Wieder mal typisch: Die Männer streiten und die Götter versündigen sich, büßen aber muß die Frau. Ohne diesen Punkt weiter zu vertiefen, gehen wir zum kulinarischen Aspekt der Oper weiter. Daß Daphne zum Lorbeerbaum wurde und damit zur Würze unserer Speisen maßgeblich beiträgt, mag uns versöhnen.

Daß Peneios angesichts des Festmahls "herrliche Gesichte" hat – also Visionen – "köstliche Ahnung!", können wir nachvollziehen. "Herrlich ein Gastmahl wollen wir rüsten! Klinge die Kelter! Ergieße sich sprudelnd goldener Wein! Und siehe: Sie kommen mit großen Schritten, mächtig angezogen vom Dufte des Fleisches, vom Dufte der Rebe, vom Klingen der Kelter!"

Fleisch und Wein also gibt es beim Dionysosfest am Fuße des Olymp. Das hat auch Apoll in der Nase gekitzelt: "Es zog ein beißender Dunst von brennenden Scheitern, von brenzligem Fett und süßlicher Blüte grad über den Fluß." Wer in einer Reihenhaussiedlung wohnt, weiß, was Apoll meint: Nachbar Peneios hat das Grillfleisch aufgelegt.

Heute gibt es bei ihm natürlich eine Spezialität aus Thessalien, der Landschaft am Fuße des Olymp. Unser Gartengrill lernt mal etwas anderes als Würstchen und Steaks kennen, nämlich

LAMMFLEISCH MIT PFLAUMEN UND MANDELN
– Arní mé damáskina ké amíglada –
1 kg Lammschulter, 1 Zwiebel, ½ Zitrone, Salz, Pfeffer, 750 g Pflaumen,
100 g grob gehackte Mandeln, Zucker

Die Zwiebeln fein hacken. Das Fleisch mit Salz, Pfeffer, dem Saft einer halben Zitrone und den Zwiebelstückchen einreiben und über Nacht marinieren.

Das Fleisch auf den Grillrost legen und über kräftigem Feuer von allen Seiten gleichmäßig braten. Die Pflaumen waschen und entsteinen.

Nach etwa 15 Minuten Grillzeit das Fleisch herunternehmen, in Würfel schneiden, in einen Eisenbräter geben und den Topf in das Grillfeuer stellen. Wenn das Fleisch anfängt zu braten, umrühren und ein wenig anhängen lassen. Heißes Wasser zugießen und den Topf verschließen. 30 bis 45 Minuten im Feuer stehen lassen, ab und zu umrühren und wenn nötig Wasser zugeben.

Die Pflaumen und Mandeln hinzufügen und weitere 45 Minuten neben dem Grillfeuer köcheln lassen. Mit Salz, Pfeffer, Zucker abschmecken. Wenn man schon ein Grillfeuer hat, sollte man ein paar große Kartoffeln in der Schale darin rösten. Der Lammtopf kommt mitten auf den Tisch, und alle schöpfen sich den Inhalt über die aufgeschnittenen Grillkartoffeln.

"Ein Komponist, der was z'sammbringt, muß auch a Speisekarten komponieren können." RICHARD STRAUSS

3. Akt
Das Räubermahl

Zwischen Schnürboden und Orchestergraben lauern finstere Mächte: Räuberpack und Diebsgesindel, Mörder und Wegelagerer, Rauhbeine und Tunichtgute jeglicher Art, sei es, daß sie aus Zufall und des Schicksals Lauf, sei es, daß sie aus eigenem Antrieb zu ihrem schändlichen Lebenswandel gefunden haben.
Die Goldgräber am Fuß der kalifornischen Berge sind da noch die umgänglichsten Kerle – rauhe Schale, weicher Kern –, wenn auch hier immer wieder Handgreiflichkeiten und Gemeinheiten ausbrechen und die Jagd auf einen mexikanischen Räuber die niedersten Instinkte freisetzt. Von ganz anderer Art ist Macheath, genannt Mackie Messer, und seine Bande, deren Welt eigenen Gesetzen folgt. Der Räuber Babinsky hingegen tut Schlechtes, um Gutes tun zu können, so daß selbst der Teufel den Schwanz einziehen muß. Und Falstaff lebt ganz einfach nur gern gut, allerdings stets auf Kosten der anderen.
In einem sind sie sich einig: Gut essen wollen sie alle.

*
»Abendessen! Was gibt's?«
GIACOMO PUCCINI: DAS MÄDCHEN AUS DEM GOLDENEN WESTEN
(LA FANCIULLA DEL WEST)
Oper in drei Aufzügen
Dichtung von Guelfo Civinini und Carlo Zangarini nach dem Drama von David Belasco
Uraufführung 1910 an der Metropolitan Opera, New York

Als alle Rothäute getötet oder in Reservate verbannt waren, als alle Bisons erlegt und die letzten Flecken der Prärie mit der Eisenbahn erschlossen waren, da erwachte das Interesse am "Wilden Westen" in der alten Welt: Karl May spann seine Geschichten von Old Shatterhand und Winnetou, Buffalo Bill Cody reiste mit seiner Varietétruppe durch Europa. In Mailand erlebte ihn Anfang der 1880er Jahre auch Giacomo Puccini. 100 Soldi hatte der Musikstudent im Monat zur Verfügung, 130 kostete ein Abend in der Scala; der Eintritt zur Buffalo-Bill-Show war wahrscheinlich billiger. Und Jung-Giacomo, der in dieser Zeit kaum viel mehr als Goldgräber-, Cowboy- und Indianergeschichten las, war hingerissen. Einige Jahre später schrieb er an seinen Bruder Michele, der nach Brasilien ausgewandert war, wenn er es ihm jemals nachtun sollte, dann ginge er nicht nach Südamerika, sondern "zu den Rothäuten". Bei der Vorliebe Puccinis für Multikulti-Stoffe war eine Western-Oper also von seiner frühesten Schaffenszeit an zu erwarten. Puccini wurde im Laufe seines Lebens ein Weltreisender: Er lernte fast ganz Europa von Rußland bis Spanien kennen, bereiste Ägypten und Südamerika. Als sich der Weitgereiste 1907 zu einem Puccini-Festival in New York aufhielt, hatte er erstmals nordamerikanischen Boden unter den Füßen, das Land der Helden seiner Jugend. "Wir landeten um sechs und um acht war ich schon in der Oper", und zwar zur ersten Aufführung seiner "Manon Lescaut" an der Met.

Von New York war Puccini fasziniert, aber New York war nun mal nicht der Wilde Westen. Den konnte Puccini hier nur in homöopathischen Dosen zu sich nehmen, auf Bühnenstärke herabgesetzt. Im Theater des

Schriftstellers David Belasco sah er dessen Schauspiel "The Girl of the Golden West" ("Das Mädchen aus dem Goldenen Westen"), eine krause Story voller Platitüden und unwahrscheinlicher Wendungen, die sich nur knapp über Groschenheft-Niveau erhob. Puccini gefiel's. Es gefiel ihm sogar so gut, daß er sich drei Jahre später das Stück übersetzen ließ und bearbeitete.

Im "Girl" (so nannte Puccini die Oper, die von da an sein Lieblingskind war) machte die Musik nach "Madame Butterfly" noch einmal einen großen Schritt in Richtung Moderne: kühne Harmonien, ausgefallene Instrumentierung, (sparsame) Verwendung von Originalmusiken, dargeboten von der größten Ansammlung von Musikern, die Puccini jemals im Orchestergraben versammelt hat, Instrumente auch noch auf der Bühne: Harfe, Fonica und – eine Windmaschine. Alles in allem gleicht die Partitur mit ihren naturalistischen Stimmungsbildern eher einer Film- denn einer Bühnenmusik.

Die Meinungen darüber gehen denn auch sehr auseinander. Heinrich Mann stöhnte: "Einen ganzen Abend Puccini und keine einzige Melodie." Andere erkannten den weit ins 20. Jahrhundert weisenden musikalischen Gestus.

Puccini ahnte dies selbst und zeichnete das "Girl" aus als die "wahrscheinlich beste Oper, die ich je geschrieben habe".

Die Uraufführung (in New York, wo sonst, und an der Met, wo sonst) versammelte die Besten: Tito Ricordi, der Sohn des Verlegers, inszenierte, David Belasco, der Autor, sorgte für szenische Dichte, Arturo Toscanini stand am Pult und auf der Bühne sang Enrico Caruso den Dick Johnson – welch ein Aufwand für ein B-Movie! Denn die Story, als Film am Samstagnachmittag ausgestrahlt, würden auch hartgesottene Western-Fans wegzappen.

Die Beschreibung der Szene ist die wahrscheinlich umfangreichste, die jemals in eine Partitur geschrieben wurde, detailgenau von der flannellenen Unterjacke Nicks über den Briefkasten an der Tür bis zum Bärenfell an der Wand.

Natürlich kriegen sie sich, Minnie, die Wirtin in der Goldgräber-Schenke "Polka" am Fuß der Clowdy Mountains, und Dick Johnson, der als

Räuberhauptmann den mexikanischen Namen Ramerrez trägt. Natürlich wird er immer nur beinahe getötet, fast entdeckt und ein bißchen aufgeknüpft, denn auch die wildesten Kerls im Wilden Westen sind mindestens so rührselig wie Jake Wallace in seinem Lied vom alten Mütterchen in der Heimat, so fern. Alle benehmen sich so, als ob die Capri-Fischer Cowboy und Sheriff spielten.

Was Goldgräber trinken, dürfte klar sein: Whisky. Was sie essen? An guten Tagen und mit ein paar Nuggets auf der Goldwaage von Wells Fargo gibt's wahrscheinlich Steak. An all den anderen Tagen weiße Bohnen in Tomatensauce. Und wenn's ganz schlecht kommt, bleiben sie halt beim Whisky. Minnie aber bringt Abwechslung in den Speisenplan, getreu dem Motto über dem Tresen: "A real home for the boys" ("Ein richtiges Zuhause für die Jungs").

"Abendessen! Was gibt's?" fragt Sonora Nick den Kellner. Der kann sich den Griff zur Menükarte sparen: "Wenig genug. Austern in Essig."

AUSTERN IN ESSIG – *Marinated Oysters*
2 Dutzend Austern, 1 mittelgroße Zwiebel, 1 Zitrone
½ Tasse Weißweinessig, 1 TL Salz, einige Pimentkörner,
frisch gemahlener schwarzer Pfeffer, Petersilie,
¼ Tasse Olivenöl

Die ausgelösten Austern und ihre Flüssigkeit in eine Kasserolle geben und 2 – 3 Minuten ohne Deckel bei mittlerer Hitze kochen, bis die Austern "rund" werden und ihre Ränder sich zu wellen beginnen. Schnell den gesamten Topfinhalt in ein Haarsieb geben und über einer Schüssel abtropfen lassen. Die Austern in einer Lage auf dem Boden einer Glas- oder Keramikform anrichten. Die sehr feingeschnittene Zwiebel und die in dünne Scheiben geschnittene Zitrone darüber verteilen.

In einer Kasserolle den Essig, das aufgefangene Kochwasser der Austern und die Pimentkörner bei großer Hitze schnell aufkochen. Dann Hitze reduzieren und 8 Minuten köcheln lassen. Die Sauce durch ein Haarsieb streichen und die Sauce abkühlen lassen. Dann über die Austern geben. Mit Salz, frisch gemahlenem Pfeffer und der feingeschnittenen Petersilie bestreuen und mit Olivenöl besprengen. Gut zugedeckt für zwei Tage in den Kühlschrank stellen. Eiskalt servieren.

Giacomo Puccini und Arturo Toscanini, der Uraufführungs-Dirigent seiner Opern "Manon Lescaut", "La Bohème", "Das Mädchen aus dem Goldenen Westen" und "Turandot", waren befreundet, was sie nicht davon abhielt, sich auch mal tüchtig zu streiten. Puccini versandte zu Weihnachten Panettone, den Hefeteigkuchen mit kandierten Früchten, an eine Liste von Freunden, darunter auch Toscanini, der gerade mal wieder mit dem Komponisten aneinandergeraten war. Puccini bemerkte zu spät den Irrtum und sandte dem Päckchen ein boshaftes Telegramm hinterher: "Panettone aus Versehen abgeschickt." Toscanini antwortete postwendend: "Panettone aus Versehen gegessen."

*

»Und was hast du denn auf dem Teller?«
KURT WEILL: DIE DREIGROSCHENOPER
Ein Stück mit Musik in einem Vorspiel und acht Bildern nach dem Englischen des John Gay bearbeitet von Bertolt Brecht
Uraufführung 1928 am Theater am Schiffbauerdamm, Berlin

Wer sonst nichts von Bert Brecht kennt, kennt die "Dreigroschenoper". Die Geschichte von Macheath, genannt Mackie Messer, und Polly, der Tochter des Bettlerkönigs Peachum in Soho, ist dank ihrer grotesken Amoralität, ihrer enthüllenden Wahrheiten und natürlich auch wegen ihrer eingängigen Songs die bekannteste Vertreterin der "epischen Oper" Brechts. Jede Diseuse, die etwas auf sich hält, hat die Balladen im Repertoire, die Einspielungen sind ungezählt.
Für seine erste "Oper" griff Brecht auf das Singspiel "The Beggar's Opera" von John Christopher Pepusch und John Gay zurück. Es wird ihm wohl nicht schlecht gefallen haben, daß der ungeheure Erfolg der Bettler-Oper mit ihrem bissigen Spott auf Georg Friedrich Händels Opera seria 1728 zum Ruin des Barockmeisters geführt hatte. Brechts freie Nachdichtung sollte zunächst auch "Bettler-Oper" heißen; eine

Woche vor der Uraufführung änderte Brecht jedoch den Titel in "Dreigroschenoper", weil eine Oper für Bettler nicht mehr kosten solle als 3 Groschen. Der "Dreigroschenoper" war schließlich ein ähnlicher Erfolg beschieden wie ihrem barocken Vorbild.

Die Musik mit ihrer Verknüpfung von lyrisch-polyphonen Phrasen, schlichten Liedmelodien und Jazzelementen ist eingängig, die Story frappierend: Macheath heiratet Polly gegen den Willen ihres Vaters. Der setzt Polizeichef Brown unter Druck, Macheath zu verhaften, sonst wolle er seine Bettler auf den Krönungszug der Königin loslassen. Auch der vereinten Damenwelt, die dem Gentleman zu Füßen liegt, gelingt es nicht, Macheath zu befreien. Schon steht er unter dem Galgen, da erscheint Polizeichef Brown als Deus ex machina, um zu verkünden, daß die Königin Macheath amnestiert und in den Adelsstand erhoben habe. Dazu erhält er ein Schloß und eine lebenslängliche Rente.

Da geht es zu wie bei jenen Krimis, bei denen man mit dem charmanten Gauner zittert und ihm für seine Flucht vor der heranrückenden Polizei alle Daumen drückt. In der "Dreigroschenoper" sind alle Guten böse und alle Bösen böse, und darum verkündet Brecht auch im Finale die Moral: "Verfolgt das Unrecht nicht zu sehr. In Bälde erfriert es schon von selbst, denn es ist kalt. Bedenkt das Dunkel und die große Kälte in diesem Tale, das von Jammer schallt."

Benjamin Britten, der die "Bettleroper" 1948 in einer eigenen Bearbeitung auf die Bühne gebracht hat, nannte sie die "Ausdrucksform von Menschen, die durch Armut skrupellos geworden sind, aber in deren Verzweiflung nichtsdestoweniger eine große Vitalität und Fröhlichkeit steckt, die die Kunstformen der Eleganten und Reichen allzu oft vermissen lassen." Das trifft auch für die Hochzeitsfeierlichkeiten von Polly und Macheath zu.

Man möchte dem Brautpaar alles nur erdenklich Gute wünschen, wenn es sich im Pferdestall (des Herzogs von Devonshire) das Ja-Wort gibt. Macheath' Bande hat den Stall mit edlem Mobiliar von ersten Adressen Londons zum Festsaal ausstaffiert. Auf den Tellern aus dem Savoy-Hotel serviert Jakob Mayonnaise-Eier von Selfridge. Den Eimer Gänseleberpastete, der noch vorgesehen war, hat Jimmy unterwegs aufgegessen. Zwar hätte Mac lieber etwas Stimmungsvolles gehabt, bevor sie "ran an den Tisch und rein in die Freßkübel" gegangen wären. Doch erst kommt das Fressen, dann die Kultur, um eine Textzeile aus der "Dreigroschenoper" abzuwandeln. Zumal es ja auch noch Lachs gibt. "Und was hast du denn auf dem Teller?" – "Eine Forelle, Captn." – "So, und mit dem Messer, nicht wahr, da ißt du die Forelle." Nein, das tut man wirklich nicht, Fisch mit dem Messer!

FORELLE MACKIE MESSER – *Trout Mackie Messer*
4 kleinere Forellen, 1 Päckchen Gelatine, 4 Eier, Mayonnaise,
½ TL Senfpulver
FÜR DEN SUD:
⅛ l Essig, Salz, Pfefferkörner, 1 Bund Petersilie,
1 Bund Schalotten, 1 Zwiebel

Die Petersilie, die Schalotten und die Zwiebel grob hacken, mit den restlichen Zutaten für den Sud in 2 l Wasser aufsetzen und 20 Minuten kochen. Die Forellen hineinlegen und 10 Minuten garen. Im Sud erkalten lassen, dann herausheben und die Haut abziehen.
1/4 l Sud durch ein Sieb abgießen. Die Gelatine nach Anweisung darin auflösen. Die Forellen mehrmals mit dem Gelee bestreichen, auf einer Platte mit der gelierten Seite nach unten anrichten und die Oberseite ebenfalls mehrmals mit Gelee bestreichen.
Die hartgekochten Eier halbieren, das Eigelb auslösen und zerdrücken, mit Mayonnaise nach Geschmack und dem Senfpulver vermischen und wieder in die Eierhälften füllen. Auf der Platte zwischen den Forellen anrichten.

Bei Brecht wird nicht diniert

Kein zweiter deutscher Wortkünstler hat mehr für die Musikbühne getan als Bert Brecht. Musik und Wort gehörten vom Anfang seines Schaffens an zusammen, und parallel zu seiner Theorie des epischen Theaters entwickelte er auch eine Theorie der epischen Oper.
In seinem Text "Über die Verwendung von Musik für episches Theater"

bezeichnet er die "Songs" seiner Stücke als "Anfänge eines anderen, neuzeitlichen Theaters". Die traditionelle Oper lehnte er als "kulinarisch" (!) ab, da sie, die er "ernste Musik" nannte, immer noch am "Lyrismus" festhalte und den individuellen Ausdruck pflege.

Die ersten Songs für sein episches Theater schrieb er noch selbst. Später arbeitete er vor allem mit Kurt Weill ("Die Dreigroschenoper", "Happy End", "Aufstieg und Fall der Stadt Mahagonny", "Die sieben Todsünden") zusammen. Insgesamt wurden 15 seiner Stücke mit musikalischen Nummern versehen, vertont oder dienten gar als Grundlage für Opernkompositionen. Daran beteiligt waren u.a. Paul Hindemith (Das "Badner-Lehrstück"), Paul Dessau (u.a. "Die Verurteilung des Lukullus", "Puntila") und Hanns Eisler ("Die Maßnahme"). Zahlreiche Songs aus diesen Stücken sind zu Evergreens von Songabenden und Chansonbühnen geworden: Die "Ballade von der Seeräuber-Jenny" zum Beispiel, der "Kanonensong", "Surabaya-Johnny", der "Alabama-Song", "Wie man sich bettet, so liegt man" und – an erster Stelle – "Die Moritat von Mackie Messer", die genauso zum Repertoire von Konstantin Wecker und Milva wie zu dem des Hazy-Osterwald-Sextetts gehört.

In Brechts Song-Opern geht es nicht um edle Gefühle, komödiantische Verwechslungen und Verwandlungen oder gar um die Aufarbeitung von Sagenstoffen. Es geht um die Verhältnisse, die halt so nicht sind, wie sie sein sollten, um ein Brecht-Zitat aufzugreifen. "Erst kommt das Fressen, dann die Moral", heißt es in der "Dreigroschenoper", in "Mahagonny" heißt die Reihenfolge der Lebensmaximen Essen, Lieben, Boxen, Saufen.

So nimmt es nicht wunder, daß in Brechts Opern viel gesoffen, gekämpft, geliebt und natürlich auch gegessen wird. Eher selten gerät dies zu wahrhaft kulinarischen Höhepunkten, soviel sei eingestanden. Schließlich geht es bei Brechts Bühnenfiguren mehr um die Quantität als um die Qualität.

*
»Gibt es denn nichts zu essen mehr?"
JAROMIR WEINBERGER: SCHWANDA, DER DUDELSACKPFEIFER
(ŠVANDA DUDÁK)
Volksoper in zwei Akten
Dichtung von Miloš Kareš
Uraufführung 1927 am Tschechischen Nationaltheater, Prag

"Aus Böhmen kommt die Musik", so heißt's im volkstümlichen Liedgut, und in der Tat alliterieren Böhmen, Bier, Braten und Blasmusik sehr sinnfällig (auch in diesem Abschnitt, wie wir sehen werden). Die böhmische Musik macht sich oft genug selbst zum Thema, und so wundert es nicht, wenn die Hauptperson einer böhmischen Oper ein Musikant ist. Das Instrument, das Schwanda spielt, paßt zwar nicht in unsere Vorstellung vom Musikantenstadel, hat aber in der Volksmusik ältere Rechte als Klarinette und Tuba. Der Dudelsack ist nämlich das Instrument der ost- und südosteuropäischen Hirten und Bauern, mit seinem vollen, durchdringenden Klang vermag er jede Tanzdiele aufzumischen. Schwanda (zu deutsch: der Jux) hat was los mit seinem Dudelsack, in Strakowitz und weit um Strakowitz herum. Auch Königin Eisherz und ihr Hofstaat bekommen etwas ab von Schwandas Musik, die den verstocktesten Menschen zum Tanzen bringt.

Natürlich spielt nicht nur die Musik, sondern auch die Liebe eine Hauptrolle in dem Stück, und seit Schwanda mit dem guten Räuber Babinsky (eine Art Robin Hood aus dem Böhmerwald) in die weite Welt gezogen ist, sind auch Sehnsucht, Eifersucht und Herrschsucht mit im Spiel. Vom Thronsaal der Königin auf das Schafott und aus den Armen seiner Frau Dorata in die Hölle führt den Schwanda sein abenteuerlicher Lebensweg. Doch einen böhmischen Musikanten kann der Teufel auch beim Kartenspiel nicht über den Tisch ziehen, und so läßt Schwanda schließlich das ganze Unterweltspersonal in einem höllischen Spektakel eine Polka tanzen.

Überhaupt wird viel getanzt in dieser Oper. Erstmals stellte Jaromir Weinberger den slowakischen Nationaltanz Odzemek auf die Bühne.

Und die Tanzrhythmen und –melodien übernimmt Weinberger in die Gesangspartien, so daß der "Schwanda" durch und durch eine volkstümliche Oper ist. Sie ist voller szenischer Komik und musikalischem Humor, die sich zum Beispiel in der ganz und gar nicht beängstigenden Höllenszene verdichtet, sie kommt aber auch voller Herzenswärme und Gefühlsseligkeit daher, immer wenn die Volksweise "Auf unserem Hof daheim" Schwanda daran erinnert, was und wen er verlassen hat. Zum volkstümlichen Charakter trägt freilich auch die Verbindung zweier bekannter Sagenstoffe bei, die Weinberger hier zusammengeführt hat: Die Erzählung vom Dudelsackpfeifer Schwanda, dem für sein Spiel im Schloß Goldmünzen in den Hut regnen, der sich aber schließlich auf einem Baum wiederfindet mit nichts als Steinen in seinem Hut. Die andere Legende ist die von Babinsky, der aus einmal erlittenem Unrecht zum Räuber wird, seine Beute aber immer an die Armen verteilt, gefaßt und verurteilt wird, bereut und schließlich in hohem Alter im Kloster stirbt. (Und diese Geschichte ist wahr, solange man die Legenden, die sich um seine Gestalt ranken, beiseite läßt.) Babinsky muß schon ein guter Menschenkenner und -verführer gewesen sein. Auch den Schwanda kann er bei seiner Ehre packen und vom reichgedeckten Mittagstisch fort ins Ungewisse locken. Eine unglaubwürdige Stelle in dem Stück, wenn Sie mich fragen: Da sitzen die beiden Männer, ein Bier schäumt in ihrem Krug, sie haben gerade mal ihre Suppe gelöffelt, Schwanda meckert noch: "Die Schüssel leer, gibt es denn nichts zu essen mehr?", und dann verschwinden sie, mir nichts, dir nichts, und Dorota steht mit dem dampfenden, duftenden, wohlschmeckenden Braten allein im Hof.

HAFERFLOCKENSUPPE
2–3 EL Kümmelsamen, 2 Handvoll Haferflocken,
Pimpernelle, Pfeffer, Öl,

1 Liter Salzwasser zum Kochen bringen, den Kümmel einstreuen und weiterkochen.
Die Haferflocken in wenig Öl anrösten. Zum Kümmelwasser geben und

noch etwa zehn Minuten weiterkochen. Die Pimpernelle hacken, in die Brühe streuen, mit Pfeffer abschmecken.

BÖHMISCHER ROSTBRATEN
4 Rinderschnitzel, 2 Zwiebeln, Öl, Salz, Pfeffer, Kümmelpulver, Senf, Majoran

Die Zwiebeln in Scheiben schneiden und in einer Pfanne im Öl anbraten. Die Schnitzel mit Senf bestreichen, mit Salz, Pfeffer und Kümmel würzen und auf die Zwiebeln legen. Ein wenig Wasser zugießen. In der zugedeckten Pfanne schmoren, dabei einige Male wenden. Vor dem Auftragen mit Majoran bestreuen.
Dazu gibt es

SEMMELKNÖDEL BÖHMISCHE ART
*180 g Mehl, 1 knappen TL Trockenhefe, ⅛ l Milch, 1 Ei,
1 ½ Scheiben geröstetes Weißbrot*

Das Mehl mit der Trockenhefe vermischen, mit der lauwarmen Milch und dem Ei verkneten. Der Teig soll fest sein. Das in Würfel geschnittene, geröstete Weißbrot daruntermischen. Alles durchkneten und mit nassen Händen einen länglichen Laib formen.
Salzwasser zum Kochen bringen. Den Knödellaib hineinlegen und 20 Minuten kochen. Mit einem Schaumlöffel herausheben und in Scheiben schneiden.

"Suppen sind der Opernouvertüre zu vergleichen, die zu Beginn des Stücks den Verlauf der Handlung musikalisch zusammenfaßt."
GRIMOD DE LA REYNIÈRE

*
»In diesem Bauch reden tausende Zungen«
GIUSEPPE VERDI: FALSTAFF
Lyrische Komödie in drei Akten
Dichtung von Arrigo Boito nach William Shakespeares Theaterstücken "Heinrich IV." und "Die lustigen Weiber von Windsor"
Uraufführung 1895 am Teatro alla Scala, Mailand

Wenn sich der Vorhang öffnet, ist das Essen schon vorüber: Auf dem Tisch stehen die Reste einer Hauptmahlzeit, dekorativ, aber eben leider verzehrt. Die Knochen auf dem Teller und der Fetttropfen im Bart Falstaffs sind alles, was übriggeblieben ist; und der Wanst ist noch ein wenig feister und der Durst noch ein wenig unerbittlicher als zuvor: "Wirtschaft! Noch einmal einen Krug süßen Xeres!" sind die ersten Worte, die wir von Falstaff hören.

Sind wir – schmachtend, mit hungrigem Magen – oft genug Zeugen eines Mahles auf der Bühne, so sind wir in Verdis "Falstaff" – einmalig – Zeugen eines gehabten Mahles. Das wird kein Imbiß und kein Gabelfrühstück gewesen sein, da sei Falstaff vor: "Pancione", Fettwanst, war das Codewort für das gemeinsame Projekt, dessen sich der Komponist und sein Textdichter für den "Falstaff" bedienten. Von dem Vorhaben ("das tiefste Geheimnis", im Briefwechsel zwischen Verdi und Boito dreimal unterstrichen) sollte nämlich niemand wissen. Verdi ging auf die 80, arbeitete nicht mehr zwölf Stunden täglich, wie in seinen "Galeerenjahren", sondern nur noch zwei, denn "außer Kopf und Bauch" wollte der Körper nicht mehr, wie er sollte. Zum Zeitvertreib, so schrieb er seinem Verleger Ricordi, habe er sich an eine neue Oper gemacht. Doch da waren er und Boito schon mit Feuereifer mitten in der Arbeit. Aus Shakespeares Bühnenwerken "Heinrich IV." und "Die Lustigen Weiber von Windsor" arbeitete Boito ein Libretto heraus, das Werknähe mit den musikalischen Erfordernissen verband. Seine Textdichtung steht kongenial neben Verdis Tondichtung.

Der greise Meister hatte als junger Mann mit seiner Lustspieloper "Un giorno di regno" ein Desaster erlebt, das ihn ernsthaft hatte überlegen lassen, ob er den Musikerberuf aufgeben sollte. Jetzt – ein halbes Jahrhundert später – wollte er seine glanzvolle Lebensbahn mit einer Buffo-Oper krönen. "Das Lächeln fügt einen neuen Faden in das Gewebe des Lebens", so charakterisierte Boito diese letzte Arbeit des Nationalhelden der italienischen Oper.

Verdi arbeitet langsam, aber stetig, er übt sich sogar wieder im Fugieren. Eine Fuge, dieses kunstvolle Melodiengespinst vergangener Komponiermode, sollte die Oper, sein Lebenswerk und die italienische Romantik ausklingen lassen. Aber was für eine Fuge: "Tutto nel mondo è burla" ("Alles auf der Welt ist Narretei") – was für ein Vermächtnis! Durch alle Hochs und Tiefs (einmal war Verdi voller Wut über die Unverschämtheit seines Falstaff-Sängers drauf und dran die Partitur zu verbrennen) arbeitet er sich zum Schlußakkord durch. Auf einem Zettelchen notiert er: "Die letzten Noten des Falstaff. Alles ist beendet! Geh, geh, alter John. Du lustiger Kerl von einem Gauner, ewig wahr, unter verschiedenen Masken, zu jeder Zeit, an jedem Ort! Geh ... lauf ... Addio!"

Am 9. Februar 1893 stehen "Il Pancione" und "Il Vecchio" gemeinsam auf der Bühne der Scala, um die Ovationen entgegenzunehmen. Verdi ist froh, daß er das Werk vollendet hat – nicht zuletzt, weil der "Fettwanst" ihn so sehr zum Schlemmen angeregt hat, der "enorme Falstaff": "Wird Falstaff einmal mager, ist's nicht mehr er, dann liebt ihn keiner; in diesem Bauch reden tausende Zungen und rühmen meinen Namen!"

Bei solcher Vesper, wie sie der Wirt auf dem Quittungsblock notiert hat, muß sich Falstaff keine Sorgen um seinen Wanst machen: "Sechs Hühner um sechs Schilling, dreißig Maßkrüge Xeres: zwei Lire. Dreimal Truthahn ... Zwei Fasanen. Ein Sardellchen." Doch der Wirt hat die Rechnung ohne Falstaff gemacht: Keinen Heller hat er mehr in der Tasche – welch ein Ärger! "Wirtschaft! Noch eine Flasche!"

SARDELLEN »FALSTAFF«

12 Sardellen, 1 Paket Blätterteig (tiefgekühlt), 1 Ei, Öl

Die Sardellen entgräten. Die Blätterteigplatten in der Mitte der Länge nach halbieren und ausrollen. Auf jede Platte eine Sardelle legen, die Teigränder befeuchten, übereinanderschlagen und festdrücken. Mit dem Eigelb bestreichen und im Fett ausbacken.

»Wie üblich die dicksten Maccaroni«
Giuseppe Verdis Briefe sind voller detaillierter Gedanken über Sänger und Kollegen, über seine Kompositionen, wie sie aufzuführen und wie zu bezahlen seien. An Giovanni Ricordi, seinen Verleger, schrieb er 1850 zu seinem "König Lear" ("Re Lear"): "Als Entgelt zahlst Du mir 16.000 (sechzehntausend) Francs, in 800 Napoléons d'Or zu zwanzig Francs, und das entweder am Tag der Premiere oder in Monatsraten (...) Außerdem gibst Du mir 30 Prozent von allen Leihgebühren, die Du bekommst, und 40 Prozent von allen Verkäufen (...) der erwähnten Oper, die, ich wiederhole es, im November des Jahres 1850 erfolgen muß." Und so weiter, und so weiter.
Viel entspannter wirken die Zeilen, die er zehn Jahre später an den Dirigenten Angelo Mariani schreibt: "Ich (...) gehe morgens zur Jagd, schlafe, esse und tue nichts. (...) Morgen früh wollen wir zum ersten Mal in den Wald gehen und werden beladen mit Turteltauben, Amseln (...) und auch mit Rebhühnern nach Haus kommen."
Es sind nicht viele Briefe, in denen Verdi so gelöst wirkt, in denen er nichts über die Einheit Italiens, die Unverschämtheit der Sänger oder die richtige Wahl der Instrumente schreibt. Doch selbst wenn er Pasta orderte, behielt er seinen Ton bei, der keinen Widerspruch duldete: "Wie üblich möchte ich bitten, mir zu schicken: 90 kg assortierte lange Pasta und die dicksten Maccaroni. 10 kg Pastine, d.h. Carmelline, Anellini usw. usw. usw. Ich bitte um die höchste Qualität."

Danse Macabre
Menschenskinder, zum Fressen gern

Menschen sind, wie Schweine und Ratten, Allesfresser. Vom ranzigen Drüsensekret (dem Käse) über Stoffwechselorgane (die Leber und Nieren) bis zu Mineralien (dem Salz) essen wir alles, was nicht schnell genug weglaufen kann. Gern verdrängen wir dabei, daß wir selbst, wie Schweine und Ratten auch, ein schmackhaftes, protein- und fettreiches Nahrungsmittel abgeben, nach dem sich ein Großteil der Schöpfung zu Wasser, zu Lande und in der Luft, Löwen und Aasgeier, Haie und Maden – und, wenn es sich ergibt, auch Schweine und Ratten – das Maul leckt.
Die Vorstellung, verzehrt zu werden, übersteigt in ihrer Schrecklichkeit alle anderen Visionen eines plötzlichen und gewaltsamen Todes. Da braucht nur eine gelbe Mähne aus dem Gebüsch zu schauen, schon versetzt es Papageno in Ängste: "Die Herren Löwen machen eine Mahlzeit aus mir".
Man kann's dem Löwen nicht verdenken, denn auch er braucht Proteine. Da geht es ihm nicht anders als Papageno selbst, wenn der sich über seinen "schön gedeckten Tisch" hermacht. Das hochwertigste Protein, das der Mensch hinsichtlich der lebenswichtigen essentiellen Aminosäuren zu sich nehmen kann, ist freilich Menschenfleisch. "Es gibt kein Ding noch Speise, die der Ernährung des Menschen zuträglicher wären, denn das menschliche Fleisch", erkannte Girolamo Manfredi um die Mitte des 15. Jahrhunderts. Und glauben Sie jetzt bloß

nicht, der Gedanke an die Brüder und Schwestern im Fleische liege den Bühnengestalten der Oper fern! Gegenbeispiele lassen sich zur Genüge finden.

"Der Indianerhäuptling Murru, von Haus aus Kannibal und Menschenfresser. Er tut Euch nichts! Jetzt frißt er nur noch Hühner und Tauben, die man mitzubringen hat, mit Haut und Haar und schluckt nebstbei auch Gabeln." Was in Bedřich Smetanas "Die verkaufte Braut" ("Prodaná nevěsta", Dichtung von Karl Sabina, uraufgeführt 1866 am Tschechischen Interimstheater, Prag) von den wandernden Schaustellern zart angedeutet und durch den Nachsatz entkräftet wird, das ist für den Hector in Fromental Halévys komischer Oper "Jaguarita, die Indianerin" grausame Realität ("Jaguarita l'Indienne", Dichtung von Saint-Georges und Adolphe de Leuven, uraufgeführt 1855): "Ici l'on est mangé" ("Hier wird man verspeist") singt der Arme, der unter die Indianer geraten ist.

In der Tat verachteten viele nord- und südamerikanische Stämme das Fleisch ihrer Gefangenen nicht. Besonders zahlreich sind Berichte von den Festmählern der Irokesen und Huronen sowie von brasilianischen Stämmen wie den Tupinamba.

Und doch dürfen wir uns nicht denken, Kannibalismus gebe es nur im Urwald. Auch in mitteldeutschen Mischwaldbeständen wurde Menschenfleisch hochgeschätzt, und unsere idyllischste romantische Oper dreht sich nur um die Menschenmast. "Ihr kommt mich besuchen? – Das ist nett! Ihr lieben Kinder, so rund und fett!" So begrüßt die Hexe den Hänsel und die Gretel und macht aus ihrem Vorhaben keinen Hehl: "Drum hab ich die kleinen Kinder so lieb, so lieb – ach, zum Aufessen lieb!" Gretel kann es nicht glauben: "Was willst du meinem Bruder tun?" – "I nun, ich will ihn füttern und nudeln mit allerhand vortrefflichen Sachen, ihn zart und wohlschmeckend machen (...) Wir wollen ihn, so ist's am besten, mit süßen Mandeln und Rosinen mästen." Die Hexe gebärdet sich geradezu lüstern nach dem Fleisch der Kinder ("Gretelchen, mein Brätelchen. Wie wässert mir das Mündchen nach diesem süßen Kindchen!"). Versuche mir keiner, die Fleischeslust tiefenpsychologisch umzudeuten!

Für die Menschen des Mittelalters, ja noch bis in das 18. Jahrhundert hinein war es ausgemacht, daß Hexen nicht nur zaubern und auf dem Besenstiel durch die Nacht reiten, sondern auch, daß sie sich von Menschenfleisch ernähren. Für Eltern war offensichtlich noch zu Humperdincks Zeiten die Drohung, die Kinder würden, so sie nicht brav sind, von der Hexe geholt, das pädagogische Mittel der Wahl.

Ich kann Ihnen keine Hoffnung machen: Nicht nur von wilden Tieren und Menschen droht Ihren edelsten Körperteilen Gefahr, auch die Pflanzenwelt lauert auf menschliche Proteine.

"Der Kerl sieht mir nach Pflanzenspeise aus (…) Ich brauch' Blut, und er hat mehr als genug", so singt es aus dem Riesenblütenmund von Audrey II in Alan Menkens "Der kleine Horrorladen" ("Little Shop of Horrors", Dichtung von Howard Ashman). Audrey II ist so etwas wie eine ins Monströse gezoomte Venusfliegenfalle, die sich auf Zweibeiner spezialisiert hat. Je mehr sie an der Bißwunde an Seymours Finger saugt, um so schneller wächst sie, und je mehr sie wächst, um so mehr menschliche Nahrung braucht sie. Da wird auch schon mal ein Blumenladenbesitzer Opfer seines eigenen exotischen Sortiments.

Das Musical spielt ironisch mit amerikanischen Stereotypen und mit den Schreckensbildern der Fernsehwelt, die Jahrzehnte nach der Horrorladen-Entstehung mit der kulinarischen Apokalypse der "Killertomaten" den Tiefstpunkt (und damit unausweichlich Kultstatus) erreicht hat.

Doch: In alldem steckt ein Samenkorn Wahrheit, denn fleischfressende Pflanzen (Carnivoren), die Insekten fangen und verdauen, gibt es ja tatsächlich; und wer weiß… Ich kann Ihnen nur raten, in der Nähe eines Blumenladens keinen Kinderwagen unbeaufsichtigt zu lassen, denn – wie es im Finale des Musicals heißt: "Don't feed the plants" ("Füttert keine Pflanzen")!

4. Akt
Die Armenspeisung

"Wenn sie kein Brot haben, warum essen sie keinen Kuchen". Der Ratschlag Marie Antoinettes an die hungernden Massen, die am Schloßtor rüttelten, kostete die Monarchin erst die Krone, schließlich den Kopf. Der Volksmund hat die Lebensweisheit in ein frivoles: "In der Not ißt man die Wurst auch ohne Brot" abgewandelt. "Bittet, so wird euch gegeben", diesen Ratschlag hat Matthäus (Kap. 7,7) bereit, und so erhält ja Alidoro aus der Hand von Cenerentola das erbetene Brot und eine Tasse Kaffee; dafür hat er einen echten Prinzen in petto, getreu Lukas 6,38: "Gebt, so wird euch gegeben".

Eher aufs Alte Testament beruft sich Tevje, wenn er am Sabbatvorabend die Familie um sich versammelt, um die Gebete zu singen und das Sabbatmahl einzunehmen. Sein Wunsch, "wenn ich einmal reich wär'", hat sich nicht erfüllt, so bleibt es ein bescheidenes Mahl, so bescheiden wie das der russischen Gefangenen, Soldaten des Fürsten Igor, im Lager der Tartaren.

Manch einer muß auch nicht bitten, ja, er würde es gar nicht wagen, und wird doch mit Ehre und einem vortrefflichen Mittagessen ausgestattet. Wenn der Wirt wüßte, daß da nur ein Schneidergeselle am Tisch sitzt...

Doch nicht nur Kleider machen Leute, auch ein selbstbewußtes Auftreten. Und wer bestellt, muß noch lange nicht in der Lage sein zu bezahlen. Das ist eben das Leben der Bohème.

So bunt ist auch das Leben ganz unten: Fünf mal Armenspeisung – von der barmherzigen Grütze bis zum kalten Hummer.

*

»Die allerfeinsten Speisen«
GIACOMO PUCCINI: DIE BOHÈME (LA BOHÈME)
Szenen aus Henri Murgers "Vie de Bohème" in vier Bildern
Dichtung von Giuseppe Giacosa und Luigi Illica
Uraufführung 1896 am Teatro Regio, Turin

Bei Künstlers geht es alleweil lustig zu, unbürgerlich locker und zuweilen erfrischend anstößig – so ist eben das "Leben der Bohème". Auf die gleichnamige Textvorlage von Henri Murger hat Puccini eine Oper geschrieben. Die geht zwar gar nicht lustig aus, doch vorher wird noch richtig gefeiert. Zum Beispiel im zweiten Akt, wenn im Café Momus "die allerfeinsten Speisen" geordert werden: Schaunard bestellt aus metrisch-musikalischen Gründen "Hirschenbraten" und "alten Rheinwein", Marcel Truthahn. Zu Hause fehlt's an Brennholz, aber Schaunard setzt mit "kaltem Hummer ohne Schale" nach und Mimì verlangt es – wie süß – nach Crême. Daß die Bohémien am Ende die Zeche prellen ("Leer sind die Taschen!") hätten wir kaum anders erwartet.
Dabei hatten die "vier Musketiere", wie man sie im Momus nennt, schon zu Hause heftig getafelt. Schaunard hatte den Papagei eines englischen Aristokraten mit offensichtlich abwegigen Neigungen zu Tode gefiedelt und war dafür fürstlich entlohnt worden.
Sonst hätten sich die Gesellen der brotlosen Kunst kaum auch nur den Gedanken an eine Mahlzeit leisten können. In einem Interview aus dem Jahr 1904 sagte Puccini: "Wenn Sie den Vorhang zum ersten Akt von 'La Bohème' aufgehen sehen, erleben Sie den armen Musikstudenten Giacomo Puccini des Mailänder Konservatoriums." Er beauftragte Mica, "die Szenerie genau nach meiner Beschreibung jenes dürftigen Zimmers zu gestalten… Ich ernährte mich von Brot, Bohnen und Heringen und fror manchmal so sehr, daß ich tatsächlich (…) die Manuskripte meiner ersten Kompositionsversuche verbrannte."

Er scheint damit Honoré de Balzac recht zu geben, der schrieb, die Bohème bestehe "aus jungen Leuten, die noch unbekannt sind, die aber einst bekannt und berühmt sein werden". Das aber ist, was die Bourgeoisie an der Bohème liebt: den wohligen Schauder in der Gewißheit eines guten Endes. Doch das Leben zwischen Café, Bordell und Dachkammer endet nicht selten im Armenspital (Jean-Arthur Rimbaud, Paul Verlaine) oder im Irrenhaus (Henri Toulouse-Lautrec, Vincent Van Gogh).

"La Bohème" ist nicht zuletzt auch die erste Oper der modernen Stadt; sie veranlaßte Claude Débussy zu der Aussage, er wisse von keinem, der das Paris jener Zeit so gut beschrieben habe. Zum Paris jener Zeit gehörten die kalten Mansarden und die verrauchten Restaurants. Es war einerseits die Zeit der großen Küchenchefs wie Antonin Carême und Georges Auguste Escoffier und Gastrosophen wie Alexandre-Balthazar-Laurent Grimod de la Reynière und Jean-Anthelme Brillat-Savarin, eine Zeit, in der die "Grande cuisine" begründet wurde und die ersten Gourmet-Tempel entstanden, In-Restaurants, in der eine Auster so viel kostete wie der Tagelohn eines Arbeiters. Es war aber auch die Zeit, in der 83 Prozent aller Pariser nicht über die 15 Francs verfügten, die eine Grabstätte kostete.

So entstanden am Ende der Skala die großen Speisehallen wie "Baillaut", wo man für 35 Sous essen konnte, so berichtet Flaubert. Balzac erzählt in "Die verlorenen Illusionen" über ein solches Speisehaus im Quartier Latin, in dem Künstler und Studenten verkehrten, wo die Tischwäsche einmal pro Woche gewechselt wurde und die Qualität der Speisen derjenigen der Tischwäsche entsprach. Gleichwohl vermutet der Kulturhistoriker Stephen Menell, daß der Anspruch an das Essen von oben nach unten weitergegeben wurde und daß die Reichen wie die weniger Reichen einen Kochstil bevorzugten, der an Raffinesse etwas über ihre jeweiligen Mittel hinausging.

Das Café Momus in Murgers Bohème-Geschichten erinnerte Puccini an das Lokal seiner Mailänder Studentenzeit, das der Wirt unverschämterweise "Excelsior" nannte. Don Gigi, so hieß er, erwartete von den Gästen nicht, daß sie sofort bezahlten, und Puccini erinnerte sich an den Aufruhr, der eines Tages entstand, als nach dem Essen ein Gast nach der Rechnung verlangte! So kann man auch die Unverfrorenheit verstehen, mit der die Bohémiens der Oper trotz leerer Taschen ihre Bestellung aufgeben.

Während die vier Künstler plus Mimì zum Weihnachtsmarkt ins Quartier Latin ziehen, machen wir uns über den wohlgedeckten Tisch in ihrem Mansardenstübchen her. Vor allem vom kalten Braten sollten wir versuchen. Für Rinderschmorfleisch gibt es aufwendige Rezepte, deren einzelne Schritte einer kultischen Handlung gleichkommen. Eine französische Hausfrau macht ihn einfach so:

KALTES RINDERSCHMORFLEISCH – *Bœf à la Mode*
Rezept für sechs Personen
200 g fetter Speck, 1,5 kg Rindfleisch
(aus der Keule oder aus der Schulter), Weinbrand, Weißwein,
10 Zwiebeln, 750 g Karotten,
1 Petersilienwurzel, 1 Tomate, 1 Speckschwarte, 2 Lorbeerblätter,
einige Gewürznelken, Thymian, 1 Kalbsfuß, 2 l Fleischbrühe,
Salz, Pfeffer, Öl

Den Speck in Streifen schneiden, pfeffern und in einer Schüssel mit Weißwein bedecken. Zudecken und über Nacht stehen lassen. Rindfleisch salzen und pfeffern. In einem irdenen Topf mit einem halben Gläschen Weinbrand und ausreichend Weißwein übergießen und abgedeckt ebenfalls über Nacht ziehen lassen.

Am nächsten Tag Fleisch mit dem Speck spicken. In einem großen Schmortopf Öl erhitzen und Fleisch von allen Seiten stark anbraten. Herausnehmen, die in Scheiben geschnittenen Zwiebeln und Karotten sowie die in große Stücke geschnittene Petersilienwurzel darin anrösten. Die Tomate, die Speckschwarte, die Lorbeerblätter, die Gewürznelken und den geriebenen Thymian hinzufügen, das Fleisch daraufsetzen und den Kalbsfuß dazugeben. Mit der Weißwein-Weinbrand-Marinade begießen und mit heißer Fleischbrühe auffüllen. Aufkochen lassen und dann zugedeckt vier Stunden lang schmoren lassen. Am besten geht das im Backofen. Eventuell muß ab und zu Flüssigkeit zugefügt werden; das Fleisch sollte etwa halb bedeckt sein.

Für das Picknick am nächsten Tag oder die Dachboden-Fête unter Bohémiens läßt man das Fleisch auskühlen, bevor man es aufschneidet. Im richtigen Leben ist das kalte Schmorfleisch eigentlich ein Resteessen, das mit einer Kräutermayonnaise zu einem Hochgenuß wird.

KALTER HUMMER »CAFÉ MOMUS« – *Hommard froid "Café Momus"*
*1 (lebender) Hummer von etwa 800 g, Salz, Pfeffer, Zitrone,
Essig, Öl, Anchovis, Kapern, Kaviar*
FÜR DEN SUD:
*1 EL Pfefferkörner, 1 Stange Sellerie oder ein Stück Knollensellerie,
1 Zwiebel, Salz, Lorbeerblatt, Thymian, Petersilie,
1 l trockener Weißwein, ¼ l Essig*

Die Pfefferkörner zerdrücken, den Sellerie und die Zwiebeln in Scheiben schneiden. Alle Zutaten für den Sud mit 3 l Wasser in einem ausreichend großen Topf aufsetzen und 20 Minuten kochen.
Den Hummer waschen und kopfüber in den kochenden Sud werfen. 15 Minuten kochen. Im Sud abkühlen lassen.
Herausnehmen. Mit der Messerspitze in den Kopf ein Loch stoßen und den Sud aus dem Innern ablaufen lassen. Die Scheren direkt am Körper abtrennen, den Schwanz ablösen und den Brustpanzer der Länge nach öffnen. Alles Fleisch herausnehmen und in kleine Stücke schneiden. Mit Salz, Pfeffer und Zitrone würzen, mit Essig und Öl beträufeln. Auf Salatblättern anrichten, Anchovisröllchen, Kapern und Kaviar dazwischenstreuen. Alles mit einer Sauce Mayonnaise oder Sauce Remoulade überziehen.
"Ich habe einen ganz einfachen Geschmack", verriet einmal Oscar Wilde, "stets nur das Beste". Auch die Vollendung dieses Mahls ist ganz einfach: frisches Weißbrot und eine Flasche Champagner.

"Ein wenig Religion, meine Herren: man trinkt zu Hause, doch man speist im Frei'n!" GIACOMO PUCCINI, "LA BOHÈME"

*

»Ist's süß, ist's sauer? Warm oder heiß?«
ALEXANDER VON ZEMLINSKY: KLEIDER MACHEN LEUTE
*Dichtung von Leo Feld nach der gleichnamigen Novelle
von Gottfried Keller
Uraufführung 1910 in der Volksoper, Wien*

Wenn ich einmal reich wär', wenn ich einmal König wär' – so und ähnlich wünschen sich's viele, auch viele Bühnenfiguren: das Leben, ein Traum. Sie bleiben allesamt arme Schlucker, und wenn es gut geht, sind sie um die beruhigende Erkenntnis reicher, daß sie lieber arm und glücklich sind, als wohlhabend und so wie die. Nur das Aschenputtel bekommt seinen Prinzen, und der Froschkönig und der Igel als Bräutigam bekommen ihre Prinzessin, und das Biest bekommt eine Schöne und wird selber jung und schön. Aber auch da weiß man ja nicht, wie es ausgegangen ist, denn aus gutem Grund wird beim Happy End auch im Theater immer abgeblend't.

Dabei wird es einem zuweilen recht leicht gemacht, sich über seinen Stand zu erheben und Genüsse zu delektieren, von denen man nicht einmal hätte zu träumen gewagt. Zumindest im Bühnenleben ist das so. Nehmen wir zum Beispiel mal einen armen Schneidergesell', der – wir befinden uns im 19. Jahrhundert – auf der Walz durchs Land zwischen Thur und Limmat ist. Zwar lacht die Sonne und es tiriliert die Lerche, "doch wenn man müd' da am Wege sitzt und wünscht sich, ach Gott, einen Wecken, bleibt das Liedel im Magen stecken". Singt aber doch weiter (in Moll), denn wir sind ja in einer Oper. "Einen Wecken?", so möchte man ihm zurufen, "laß fahren den Wecken, bald werden dir die gebratenen Tauben ins Maul fliegen!" Rufen wir ihm aber nicht zu, denn das tut man im Theater nicht, und außerdem wollen wir nicht schon alles vorher verraten.

Jetzt nämlich rollt das Schicksal heran. Es naht in Form einer Kutsche und ist personifiziert im Kutscher, den der arme Schneidergesell', Wenzel Strapinski, wie er heißt, dauert: Die Luft so warm, die Straße so staubig, der Weg so weit – also läßt er ihn einsteigen. Das Ziel der Reise?

Das Ziel aller Reisen in diesem Buch ist der gedeckte Tisch. Und so hält der Kutschwagen in Goldach vor dem Wirtshaus "Zur Waage".
Der Waage-Wirt erkennt sogleich die umsatzverheißende Situation. Das ist der Augenblick, der in der Dramentheorie "Schürzung des Knotens" heißt: Wenn man und hätte man, dann wäre alles anders gekommen. Wenzel Strapinski kommt mit einem bloßen "Danke schön und Tschüs fürs Mitnehmen" nicht davon. "Wohl hungrig vom Reisen? Belieben Euer Gnaden hier zu speisen? Es wird gleich serviert." Das arme Schneiderlein hat grad so viel Zeit zum Widerstand gegen die glückliche Wendung wie Sie, wenn Ihnen die Kassiererin 10 DM zuviel herausgibt. Strapinski aber schweigt und streicht das Glück ein.
Wenn auch Gottfried Kellers Novelle die Figuren differenzierter zeichnet, so ist es von Zemlinsky und Feld gelungen, den spitzwegisch-biedermeierlichen Ton zu halten. Ein Glücksfall in einer von Fin-de-siècle-Dramen durchwetterten Ära. (Und lächelt da nicht von Ferne Sterbini, gar Da Ponte?)
Glück: Was ist das? Eine warme Mahlzeit, ein kühler Schluck und die Liebe einer schönen Frau? Als polnischer Graf liegen einem die Frauen zu Füßen, so war es jedenfalls früher. Doch das Nettchen schaut dem Wenzel durch den Staatsrock hindurch geradewegs ins Herz hinein. Auch wenn der Vater Amtsrat sich noch aufs Grafenkrönchen auf dem Briefpapier kapriziert, bei der Verlobungsfeier, als der falsche Graf demaskiert ist, singt das Nettchen, daß ihr auch ein Leben als Schneidermeistersgattin recht ist. (Was man halt alles in einem solchen Augenblick singt.)
Doch: Bis zu diesem glücklichen Ende, so weit kann der Wenzel, der Schlawinski, nicht vorausahnen, als er im Wirtsgarten der "Waage" sitzt. Zwar hat er vom Braten vor lauter Aufregung noch keinen Bissen heruntergebracht, aber der Champagner macht ihn locker.
Und als der Kellner eine turmartige Pastete auf den Tisch stellt, da fügt er sich in die eigentümliche Wendung seines Lebens: "Jetzt ist es schon einmal so, sie werden mich dann doch fassen und fangen ... Da wär's doch zu dumm, von den köstlichen Dingen nichts in mein Ränzel hinunterzubringen!" Recht so, stimmen wir ihm aus der Sicht des Liebha-

bers erlesener Tafelfreuden zu. Für Wenzel ist nahezu jede Speise, was auch immer es sei, erlesen: "Oh, das ist fein! Was mag das nur sein? So was, das sah ich nie zu Haus! Ist's süß, ist's sauer? Warm oder heiß? ... Daß man so was nicht weiß!"

Wir wissen natürlich auch nicht, was Wenzel Strapinski in Goldach aufgetischt bekam, aber wir können's uns denken. Die "Waage" ist ein landstädtisches Wirtshaus in der Nordschweiz, also kommt ein bodenständiges Essen auf den Tisch, nach allen Regeln der Kochkunst, doch ohne Weltläufigkeiten. Schweizerisch eben. Einen armen Schneiderburschen zu entzücken, dazu gehört nicht allzu viel Haute cuisine. Da genügt zum Beispiel ein anständiger

SAURER BRATEN – *Suure Mocke*
800 g Rinderbraten, 1 Zwiebel, 3 Karotten, ¼ l Rotwein,
¼ l Rotweinessig, Gewürznelken, Pfefferkörner, Knoblauchzehe,
1 Messerspitze Lebkuchengewürz, Salz, Pfeffer, Butter, Öl, Mehl,
2 dunkle Brotrinden, 100 g saure Sahne

Die Zwiebeln und die Karotten kleinschneiden. Den Wein, den Essig, 1/4 l Wasser und die Gewürze zusammen aufkochen und heiß über das Fleisch gießen. Drei Tage zugedeckt kühlstellen. Das Fleisch täglich wenden.

Das Fleisch aus der Beize nehmen, abtropfen und mit dem Küchenkrepp abtrocknen.

Butter und Öl in einem schweren Topf erhitzen, das Fleisch rundum gut anbraten und wieder herausheben. Die Zwiebeln und die Karotten aus der Beize nehmen, abtropfen, anbraten und ebenfalls wieder herausnehmen und zur Seite stellen. 1 bis 2 EL Mehl hellbraun rösten, mit ein wenig Beize nach Geschmack und Wasser (insgesamt ¼ l) ablöschen und die grob zerkleinerten Brotrinden, das Fleisch und das Gemüse dazugeben. Zugedeckt 90 Minuten schmoren, ab und zu wenden.

Den Braten herausnehmen, aufschneiden, die Sauce passieren, abschmecken, mit ein wenig saurer Sahne abbinden und zum Fleisch reichen.

Dazu paßt Zibelemüesli aus angebratenen Zwiebelringen, die in Tomatenmark gedünstet und dann mit ein wenig Fleischbrühe, einem Lorbeerblatt, Salz und Pfeffer etwa 40 Minuten gargeköchelt werden. Auch wenn ich sonst nicht von Salzkartoffeln begeistert bin: Hier passen sie gut hin.

Da der Wirt dem vermeintlichen Grafen nach dem Braten "zum Abschluß noch ein Gläschen Cliquot" kredenzt, kann die nachfolgende Pastete nur eine Süßspeise gewesen sein. Etwa ein

GRIESSSCHÖPFLI »GOLDACH«
Dazu backen wir zuerst ein
GENUESER BROT

50 g Butter, 25 g gestiftelte Mandeln, 200 g Rohmarzipan, 3 Eier, 1 TL Rum, 1 TL Grand Marnier, 20 g Mehl, 2 EL Aprikosenmarmelade

Die Butter in einer Kasserolle schmelzen und zur Seite stellen. Den Ofen auf 200° C vorheizen. Den Boden einer Springform von 18 cm Durchmesser mit Backpapier bedecken, den Rand mit reichlich zimmerwarmer Butter ausstreichen und mit den gestiftelten oder gehobelten Mandeln vollkommen bestreuen.

Das Rohmarzipan in kleine Stücke reißen und bei kleinster Geschwindigkeit mit dem Knethaken der Küchenmaschine durchrühren, bis es glatt ist. Dann bei mittlerer Geschwindigkeit die Eier nach und nach hineinarbeiten. Dabei nach jedem Ei die Masse durchrühren (evtl. mit dem Rührwerk, statt mit dem Knethaken), bis sie wieder locker und luftig ist. Das kann bis zu 20 Minuten dauern. Zuletzt den Rum und den Weinbrand dazugeben.

Nun das Mehl mit einem Spachtel vorsichtig unterheben. Danach mit der lauwarmen Butter ebenso verfahren.

Den Teig sofort in die Form füllen. Bei 200° C 10 Minuten, dann noch einmal bei 180° C weitere 10 Minuten backen.

Abkühlen lassen und vorsichtig aus der Form lösen; der Kuchen zerbricht leicht. Mit einem Teller bedecken und umdrehen, so daß die glatte Unterseite oben ist.

Zwei EL Aprikosenmarmelade erhitzen und noch heiß auf den Marzipanboden streichen. Erkalten lassen.

GRIESSSCHÖPFLI

½ l Mandelmilch
(100 g Mandeln in der Küchenmaschine zerkleinern, bis die Masse fast pastös ist. ½ l Milch darübergießen und eine Stunde stehen lassen. Dann die Milch durch ein feines Sieb in einen ausreichend großen Topf abgießen und die Mandelmasse im Sieb ausdrücken.
VARIANTE: 100 g Rohmarzipan mit dem Schneidwerk der Küchenmaschine zerkleinern und die Milch darübergießen. Dann weiterverfahren wie oben.)
1 Prise Salz, 2 EL Zucker, 80 g Grieß,
abgeriebene Schale einer ½ Zitrone und einer ½ Orange,
3 EL kandierte Früchte, 2 EL geriebene Mandeln, 100 ml Schlagsahne,
1 Packung Blätterteig aus der Tiefkühltruhe

Die Mandelmilch aufkochen, Salz und Zucker einstreuen. Den Grieß einlaufen lassen und unter ständigem Rühren zu einem dicken Brei kochen (Vorsicht: spritzt!). Den Topf vom Herd nehmen und die abgeriebenen Schalen, die kleingeschnittenen kandierten Früchte und die Mandeln daruntermischen.
Die Masse etwas auskühlen lassen. In der Zwischenzeit die Sahne steif schlagen und unter die ausgekühlte Masse ziehen.
Eine runde Puddingform (Fassungsvermögen ca. 1 l) kalt ausspülen und den Brei hineinfüllen und glattstreichen. 3 bis 4 Stunden kühlstellen.
Den Grießpudding vorsichtig auf den Marzipanboden stürzen.
Für die Teighülle 1 Packung Blätterteig aus der Tiefkühltruhe antauen lassen. Mehl abbürsten, Teigplatten übereinanderlegen, ausrollen.
Die Puddingform mit der Öffnung nach unten auf die Arbeitsfläche stellen und mit dem Blätterteig vollständig einhüllen. Die Teigränder befeuchten und zusammendrücken. Bei 175°C ca. 20 Minuten backen.
Abkühlen lassen, Teigmantel vorsichtig von der Form lösen und über den gestürzten Pudding stülpen.

Es heißt, Rossini habe in seinem Leben dreimal geweint: Einmal, als sein "Barbier von Sevilla" ausgepfiffen wurde, ein zweites mal, als er den Tenor Carafa habe singen hören, und ein drittes mal, als ihm bei einer Bootspartie ein getrüffelter Truthahn ins Wasser fiel.

*

»Habt ihr nicht ein Stückchen Brot?«
GIOACCHINO ROSSINI: ANGELINA/LA CENERENTOLA
(LA CENERENTOLA OSSIA LA BONTÀ IN TRIONFO)
Komische Oper in zwei Akten
Dichtung von Jacopo Ferretti
Uraufführung 1817 am Teatro della Valle, Rom

Wo ist Rossinis hohes Lied auf die Kochkunst und die Eßlust? 39 Opern und keine Speiseszene, kein Gastmahl, keine Naschereien? Hat der Meister seinen Bühnenfiguren vorenthalten, was er sich selbst gegönnt hat? All die leckeren Sachen, die bei seinen Kollegen auf offener Szene aufgetischt werden: Er behält sie sich selbst vor. Nur einmal, in der 150 Jahre lang verschollenen Oper "Die Reise nach Reims", darf diniert werden (siehe dort). Alles, was er ansonsten für seine Figuren übrig hat, ist Brot und (nein, nicht Wasser, das denn doch nicht, aber:) Kaffee. Und wo wird die cuccina minima kredenzt: in der Gesindeküche, nein, eigentlich gar nur an der Tür zur Küche.
"La Cenerentola" heißen Werk und Hauptfigur, zu deutsch: Aschenputtel. Rossini soll seine Opern selbst mit dem abschätzigen Bonmot "Kennt man eine, kennt man alle" charakterisiert haben. (Vielleicht stammt der Satz aber auch nur von einem gelangweilten Inhaber eines Logen-Abonnements.) Doch ja, es ist was dran an dieser Aussage, wie sich bei der Betrachtung des Aschenputtels zeigt: Die formale Anlage gleicht bis in die stimmungsvollen Effekte so sehr den meisten seiner anderen Opern, daß man sich ganz unangestrengt der dramatischen Wirkung von Verwechslung und Verwandlung, der geistvollen Instrumentierung, den aberwitzigen Koloraturen und lyrischen Kantilenen hingeben kann.

Vielen Kritikern genügte dies nicht: "Die Musik der 'Cenerentola' scheint mir zu wenig vom Ideal des Schönen zu haben", urteilte Marie-Henri Stendhal, der noch zu Lebzeiten Rossinis dessen erste Biographie verfaßte; und heftiger: "Wenn ich die 'Cenerentola' auf dem Plakat sehe, würde ich gern (...) sagen: Heute abend mische ich mich unter den Pöbel."

Die Story selbst darf als bekannt vorausgesetzt werden und kann, wenn nötig und unter Weglassung des blutigen Schuhs bei den Gebrüdern Grimm nachgelesen werden. Rossini war auch nicht der erste, der den Stoff seit Carlo Goldonis "Buona figliuola" in Musik gesetzt hat.

"Ach, erbarmt euch meiner Not, habt ihr nicht ein Stückchen Brot?" Alidoro, der als Bettler verkleidete Erzieher des Prinzen von Salern, pocht an Cenerentolas Küchentür. Und während ihre Schwestern Clorinda und Tisbe ihm ein "Frecher Bettler, scher dich fort!" entgegenschleudern, geht dem Aschenputtel das Elend zu Herzen: "Sei nur stille, guter Alter". Mit der Tasse Kaffee und der Scheibe Brot, die sie dem vermeintlich Armen (und vermeintlich Alten) heimlich zusteckt, beginnt ihr Aufstieg in den Ballsaal des Prinzen.

Die Moral von der Geschicht' ist denn auch gleich in den Hinterteil des Werktitels verpackt: "La Cenerentola ossia la bontà in trionfo" – "Aschenputtel oder Der Triumph der Herzensgüte". Es sind eben oft die kleinen Dinge im Leben, die über Freud und Leid, Aufstieg und Untergang entscheiden. Und auch die Nächstenliebe geht ganz entschieden über die Zunge und durch den Magen!

Doch eine Tasse italienischen Kaffees und eine Scheibe Brotes können etwas Köstliches sein – vor allem wenn sie von so reizender Hand gereicht werden. Der Kaffee, in Italien schon seit 350 Jahren gern getrunken, wurde zu Rossinis (und Aschenputtels) Zeiten noch anders zubereitet als heute: Keine Espresso-Maschine, weder die mit dem Herdfeuer betriebene noch gar eine elektrische, gab es damals. Das Kaffeepulver kam aus der handbetriebenen Kaffeemühle in die Tasse, kochendes Wasser darüber, setzen lassen, fertig! Schön stark und schön bitter.

Doch der wahre Schlüssel zum Schlafzimmer des Prinzen war wohl der Duft, der Alidoro bei der Heimkunft ins Schloß umwehte:

Bruschetta

Kenner schließen die Augen und flüstern: Bru-schet-ta! (Und sie sprechen es: Bru-sket-ta.) Die Brotscheibe ist nicht einfach eine Brotscheibe, sondern kräftiges, dunkles Bauernbrot (ja, das gibt es auch in Italien!). Das hat Angelina (so hieß Cenerentola mit bürgerlichem Namen, und die Oper tritt zuweilen unter diesem Namen auf) in einem Pfännchen mit heißem Olivenöl gewendet. Dann hat sie eine Knoblauchzehe darauf zerrieben und ein paar Kräuter darüber gestreut.

Diese Bruschetta kann man auch mit Tomatenscheiben oder Sardellen oder Frühlingszwiebeln belegen – doch auch so schlicht wie aus Angelinas Hand ist sie ein Hochgenuß. Da können Clorinda und Tisbe noch so sehr von sich überzeugt sein: "Wie die Männer zu betören, das weiß keine so wie ich": Rossini, der Gourmet, setzt andere Prioritäten.

"Ey, wie schmeckt der Coffe süße"

In "Cenerentola" mischt sich Knoblauchduft mit Kaffeeduft; sie ist damit eine der ganz wenigen Opern, in denen der "Türkentrank" vorkommt.

Dabei steht der Muntermacher bei vielen Komponisten hoch im Kurs. Johann Sebastian Bach hat in einer "Cantata über den Coffe" eindeutig Stellung bezogen: "Ey! Wie schmeckt der Coffe süsse, lieblicher als tausend Küsse, milder als Muscaten-Wein. Coffe, Coffe muß ich haben; Und wenn iemand mich will laben, ach so schenckt mir Coffe ein." 100 Jahre später berichtet Jean-Anthelme Brillat-Savarin in seiner "Physiologie des Geschmacks" über die Regierung des großen Kaisers: "Im vorletzten Jahrzehnt liefen alle Gedanken gleichzeitig dem Problem der besten Kaffeebereitung zu: offenbar, weil das Haupt des Staates viel Kaffee trank." Brillat-Savarin probierte alle Methoden gewissenhaft aus, bereitete ihn ungeröstet oder ungemahlen, nahm kaltes Wasser oder kochte ihn 45 Minuten, um sich schließlich als ausgewiesener Experte zu der "Methode à la Dubelloy" zu bekennen: Man gießt kochendes Wasser über den Kaffee, der in einem Porzellan oder Silbergefäß mit kleinen Löchern ruht. Diese erste Abkochung nimmt man, erhitzt sie abermals bis zum Kochen, gießt sie wiederum über – und gewinnt nach Meinung des Gastrosophen "den klarsten und besten Kaffee".

Die besten Werke der Opernliteratur sind nahezu im Koffeinrausch entstanden: Giuseppe Verdi bekannte, daß er, als er jung war, zehn, ja zwölf Stunden am Schreibtisch bleiben und immerzu arbeiten konnte. "Mehr als einmal war ich von vier Uhr früh bis vier Uhr nachmittags an der Arbeit, nur mit einem Kaffee im Magen ... und immer arbeitend, ohne Atem zu schöpfen."

Eine Dampfdruck-Kanne für die Zubereitung des starken italienischen Kaffees kennt man in den Küchen auf dem Stiefel schon lange, doch gerade mal ein halbes Jahrhundert ist es her, daß Achile Gaccia die Maschine erfand, mit der man ein paar Fingerhüte voll Wasser mit 9 Bar Druck durch 7 Gramm Mokkapulver schießt, um dieses köstliche, belebende Pfützchen zu erhalten, das Espresso heißt.

*

»Labt sie mit Wasser, gebt ihnen Speise«
ALEXANDER BORODIN: FÜRST IGOR (KNJAS IGOR)
Oper in einem Vorspiel und vier Akten
Dichtung vom Komponisten
Uraufführung 1890 am Mariinskij-Theater, St. Petersburg

Es gibt Komponisten, bei denen gehört das Komponieren von Opern zum Leben wie der Stoffwechsel. W. A. Mozart hat es auf 21 Bühnenwerke gebracht, Jules Massenet auf 25, Gioacchino Rossini auf 39 (fünf von ihnen allein im Jahr 1812), Gaetano Donizetti auf 70, Christoph Willibald Gluck auf 107 und Alessandro Scarlatti auf 120. (Von all ihren anderen Kompositionen ganz abgesehen.)

Alexander Borodin hat auch eine Oper geschrieben. 1862 – da war der uneheliche Sohn eines Fürsten 29 Jahre alt – hat er die erste Note für "Fürst Igor" aufs Papier gesetzt; als er 1887 starb, war er zwar noch nicht ganz fertig mit seinem Chef d'œuvre, aber als Militärarzt, später als Chemieprofessor und bloß dilettierender Musiker hatte er ja auch noch anderes zu tun. Alexander Glasunow führte nach Skizzen Borodins den dritten Akt aus und instrumentierte ihn. Nikolaj Rimsky-Korsakow instrumentierte das skizzierte Vorspiel, den ersten, zweiten und vierten Akt und aus dem dritten Akt den Marsch Nr. 18. Die Ouvertüre hatte Borodin nur im Kopf, hatte sie allerdings Glasunow des öfteren auf dem Klavier vorgespielt. So konnte der Freund sie aus dem Gedächtnis, so gut es ging, niederschreiben. (Von wem also ist die Oper "Fürst Igor"?) Nach Borodins langwierigen Vorarbeiten brauchten Glasunow und Rimsky-Korsakow noch mal drei Jahre für die Vollendung, 1890 endlich war in St. Petersburg Uraufführung.

Das Teamwork wurde ein Erfolg und anderen Komponisten zum Vorbild russischer Nationaloper. Der Stoff greift weit zurück in die Geschichte: 1185 ist der Zerfall des ersten russischen Zentralreichs nicht mehr aufzuhalten, von Osten her stürmen die Mongolen heran, deren sich die Fürsten nicht erwehren können. Fürst Igors Kleinreich wird von den Polowezkern bedroht, ein Turkvolk, das bei den Russen Polovzy heißt, bei uns auch schon mal unter Polowetzer läuft.

Igor und sein Sohn Wladimir lassen sich weder von den flehentlichen Bitten der Fürstin Jaroslawna noch von dem bösen Omen einer Sonnenfinsternis abhalten, gen Osten zu ziehen. Es kommt, wie es kommen muß: Sie geraten in Gefangenschaft des Khans Kontschak, der sich allerdings als ein sehr großmütiger Barbar erweist, während Igors Schwager und Statthalter mit seinen Freunden in der Heimat säuft, praßt und den Frauen nachstellt.

Hier der gute Tartar, der jedoch das Heilige Rußland bedroht, dort der böse Schwager, der die russische Heimat verwüstet – das ist der Stoff, aus dem historische Tragödien sind. Erschwerend kommt hinzu, daß des Khans Töchterlein Kontschakowna sich in den Fürstensohn Wladimir verliebt hat. Es gibt dann noch viel Dramatik (Flucht Igors), Herzeleid und Herzfreud (der Khan vereint das liebende Paar), Happy End (Heimkehr Igors) und schließlich einen offenen Ausgang, denn Igor und seine Mannen rüsten zum Vergeltungsschlag gegen die Polowezker. Etwas unbefriedigend, denn 1. Was wird aus Wladimir und Kontschakowna? (Hätte Stoff für die zweite Oper Borodins abgegeben.) Und 2. Vergeltung für was?

Zwar mußten die russischen Kriegsgefangenen für die Tartaren arbeiten. Doch abends gab es die berühmten "Polowezker Tänze" (oder eben: "Polowetzer Tänze") – durch Sergej Dhiagilews Ensemble im Westen bekanntgemacht, gehören sie heute zu einem der Standardwerke des Ballettrepertoires.

Und ausreichend zu essen gab es im Polowezkerlager auch. "Seht, liebe Freundinnen", so singt die Kontschakowa den Chor der polowetzkischen Mädchen an, "dort die Gefangenen, labt sie mit Wasser, gebt ihnen Speise auch und lindert so ihr Los". Der Chor der so gelabten Gefangenen weiß Trank und Speise wohl zu schätzen und singt seinen Dank artig zurück: "Des Khanes holde Tochter, Kontschakowa, sie soll leben!" Der Trank ist ausdrücklich als "kühles Wasser" genannt; doch über die Art der Speise schweigen sich alle Beteiligten aus. Es wird wohl eine Grütze gewesen sein, seit altersher eine der Hauptspeisen der russischen Nation und der Völker ringsum. Ohne Grütze war der Alltag, waren aber auch viele Feste früher undenkbar. "Mit dem kann man keinen Brei kochen" heißt soviel wie: Dem ist nicht zu trauen. Grütze, allen voran die aus Buchweizen, ist also kein minder geachtetes Gericht wie etwa unser Haferbrei, obwohl es preiswert, einfach zuzubereiten und äußerst sättigend ist.

BUCHWEIZENGRÜTZE – *Kascha Gretschnewaja*
350 g Buchweizenkörner, Salz, 4–6 EL Sonnenblumenöl, 4 Zwiebeln

Den Buchweizen mit 1 – 1 ¼ l Wasser übergießen, leicht salzen und aufkochen. 3 EL Öl löffelweise unterrühren, bei geringer Hitze weichkochen. Wie beim Reiskochen muß die Flüssigkeit völlig verdampfen. Ab und zu umrühren. Die Zwiebeln grob hacken, im restlichen Öl rösten und unter die Grütze rühren.

Plastikhummer und ein Löffel heiße Luft

Was essen die Sängerinnen und Sänger auf der Bühne, wenn sie etwas essen? Also, was essen sie wirklich? Es werden ja wohl kaum allabendlich aus der Theaterkantine Fasanenkeulen und Hummer aufgetragen!

Wenn es der Illusion nicht abträglich ist, wird heiße Luft gelöffelt, sieht man aus dem Rang ja auch nicht, daß da nichts in der Suppenschüssel ist. Werden Platten aufgetragen, sind Tische reich gedeckt, wird die Mahlzeit auch noch dem Publikum vorgesungen, dann hört natürlich das Auge mit. Die Speisen kommen dennoch nicht aus der Küche, sondern aus dem Requisitenlager und sind aus Plastik. Es gibt Werkstätten, die auf täuschend echte Nachbildungen von Äpfeln, gebratenen Hähnchen und Sahnetorten spezialisiert sind; und was es dort nicht gibt, das fertigen die Kascheure im theatereigenen Atelier aus Styropor und Farbe an.
Die Bühnenakteure haben freilich keine Gelegenheit, sich den Magen zu verderben: Sie selbst müssen ja schließlich die Tischmusik machen!

*
»Dem einen Buttersemmeln und dem andern nichts als Plagen"
JERRY BOCK: ANATEVKA (FIDDLER ON THE ROOF)
Musical
Dichtung von Joseph Stein nach der Erzählung von Sholem Alejchem
Liedtexte von Sheldon Harnick
Uraufführung 1964 in New York

Weltferne, Einsamkeit, Armut, Unbildung, Unterdrückung, schließlich Pogrom und Vertreibung, das große Grauen vorwegnehmend, das die Juden Osteuropas vernichtete – ist das ein Stoff für ein Musical? Es ist, und wenn man den Mut hat, mehr herauszuinszenieren als die unverbindliche Folklore vom Arm-Aber-Glücklich-Sein, dann ist es ein sehr anspruchsvolles Musical.
Von Scholem Alejchem, dessen "Tevje-Geschichten" dem Bühnenwerk zugrunde liegen, stammt das Wort von den "frejlache kapzonim", den "fröhlichen Armeleut", das die weniger Armen nur zu gern umgedeutet haben. Was bleibt den Kapzonim übrig, als die Armut zur Tugend zu erheben? Für den Schriftsteller Manès Sperber brachte die Erinnerung an seine Kindheit im Schtetl zwei Geräusche zurück: "Seufzen, viel Seufzen und Ächzen, aber auch Gelächter, gutmütiges oder spötti-

sches, doch stets lautes Lachen, in das auch die Seufzenden und Ächzenden bald einstimmten."

Auch der arme Milchmann in dem kleinen russischen Städtchen Anatevka hat viel Grund zu seufzen und zu ächzen: Fünf Töchter haben Tevje und seine Frau Golde, dazu wenig Geld für die harte Arbeit und immer Angst vor dem Feuer, das regelmäßig die Holzhäuser heimsucht, und Angst vor der Obrigkeit. Die Angst teilt die Familie mit allen anderen Bewohnern: dem Rabbi, dem Wirt, dem Bettler und dem Händler. Es gibt so etwas wie Straßen in Anatevka, ungepflastert. Alle Häuser sind aus Holz. Die Verbindung mit der Außenwelt ist schwierig – aber was will man auch mit der Außenwelt?! So ist es überall ringsum, überall leben Juden in armseligen Dörfern und Städtchen: "Kleine Inseln, verstreut in einem Ozean von Andersgläubigen", wie Chaim Weizmann einmal die Situation der Ostjuden beschrieben hat.

So lebt Tevje und seine Familie. Tagsüber zieht er mit seinem Karren durch das Städtchen und verkauft Milch und Käse. Wenn sich auch in sein Seufzen und Ächzen zuweilen das Lachen mischt, so hat er doch auch Wünsche: "Wenn ich einmal reich wär'". Wäre es wirklich so sehr gegen den Plan des Allmächtigen? "Warum gibst du dem einen Buttersemmeln und den anderen nichts als Plagen?" fragt er mit zum Himmel erhobenen Augen. "Der Jude muß hoffen und immer hoffen! Und wenn er dabei zugrunde geht...".

Das Leben läuft ab, wie es schon immer abgelaufen ist. Doch Tevjes Töchter sind nicht bereit, sich dem Diktat der Traditionen zu unterwerfen: Die eine will nicht den reichen Metzger, sondern den armen Schneider heiraten, die zweite verschmäht den Sohn des Rabbis und geht mit dem geliebten Revolutionär in die Verbannung, die dritte gar heiratet einen Gojim, einen Ungläubigen, und Tevje muß sie verstoßen. Die Familie zerfällt, und es zerfällt eine Welt. Das nächste Pogrom vertreibt die Juden von Anatevka in die Fremde: nach Kiew, nach Kattowitz, nach Amerika. Was bleibt ist die Erinnerung an die Sabbatvorabende im Kreis der Familie.

Am Sabbat sind alle gleich, die Reichen und die Armen, sie singen die gleichen Lieder und überall brennt das gleiche warme Sabbatlicht – ob in goldenen, silbernen oder abgestoßenenen Leuchtern aus blassem Messing. Das Sabbatmahl ist für Arm und Reich der Höhepunkt der Woche, und auch Tevje hat diese ganz eigene jüdische "Balbatischkejt", die Würde eines jüdischen Familienvorstands.

Der Originaltitel des Musicals, "Fiddler on the roof" ("Fiedler auf dem Dach") bezieht sich auf ein Bild Marc Chagalls, der mit Alejchem das Schicksal der Vertreibung teilte. "Mir ist wie nach einem Begräbnis zumute", beschrieb Bella Chagall, die Frau des Malers, ihre Gefühle, als sie ihren Heimatort verlassen mußte. "Es ist still geworden. Ist die Stadt auch auf und davon?"

Die typische Speise am Sabbatvorabend ist "Gefillte Fisch", und wie der jiddische Name schon sagt, handelt es sich um einen Fisch, den man vorsichtig enthäutet und entgrätet, um ihn mit einer Farce aus seinem eigenen Fleisch zu füllen. Er wird langsam in Fischbrühe gesotten. Die Fischbrühe, die beim Erkalten geliert, wird zu dem Fisch gereicht.

Soviel Arbeit macht man sich heute nicht mehr. (Kann man sich aber machen, wenn's mal was Besonderes sein soll.) Die Sache mit dem Füllen läßt man weg und bereitet nur noch die Fischfarce zu. Dennoch heißt das Gericht nach wie vor: Gefillte Fisch. Unbedingt dazu gehört eine rote Chrein-Sauce. Chrein ist russisch und heißt Meerrettich (oder eben: Kren).

GEFILLTE FISCH

2 l Fischfond (gibt es in ½-Liter-Gläsern)
1 kg Fischfilets (Süßwasserkarpfen und Hecht, man kann aber auch Kabeljau, Weißfisch oder andere hellfleischige Sorten verwenden)
2 Zwiebeln, 2 Eier, Salz, weißer Pfeffer, Muskat, 40 g Matzenmehl (oder Paniermehl), 1 Karotte, 1 Zitrone, Petersilie

FÜR DIE CHREIN-SAUCE:

1 mittelgroßer Meerrettich, 3 rote Rüben, 1 TL brauner Zucker oder Honig, Schwarzer Pfeffer, ⅛ l heller Essig

Den Fisch und die Zwiebeln pürieren (mit dem Mixstab). Die Eier verschlagen und unterrühren. Mit reichlich Salz, Pfeffer und Muskat

würzen. Das Matzenmehl unterkneten und nach und nach eßlöffelweise Wasser dazugeben, bis der Fischteig klebt.
Eine halbe Stunde im Kühlschrank ruhen lassen.
Aus dem Fischteig mit zwei Eßlöffeln Klößchen formen und auf ein kalt abgespültes (nicht abgetrocknetes) Backblech legen.
Die Brühe wieder zum Kochen bringen, die Hitze zurücknehmen und die Klößchen zügig, aber vorsichtig hineingleiten lassen. Etwa 1 Stunde sieden, aber nicht kochen lassen.
Zur Seite stellen und die Klößchen in der Brühe abkühlen lassen.
Herausheben, in eine flache Form legen, mit ein wenig Brühe begießen.
Auf jedes Klößchen eine Karottenscheibe legen, die restlichen Karotten- und die Zitronenscheiben dazwischen verteilen und die gehackte Petersilie darüberstreuen. Noch einmal mehrere Stunden im Kühlschrank durchziehen lassen.
Matzenmehl ist Paniermehl aus ungesäuerten Broten, dem einzigen Brot, das Juden in der Passahwoche essen dürfen. Man mischt 450 g Weizenvollkornmehl mit etwa ¼ l Wasser und knetet den Teig gut durch. Daraus werden kleine Kugeln geformt, auf ein geöltes Backblech gelegt und flachgedrückt. Im 250° C heißen Ofen sind die Matzenfladen in 10 Minuten fertig. Warm sind sie weich, läßt man sie abkühlen, werden sie fest und haltbar wie Knäckebrot. Daraus läßt sich Matzenmehl herstellen, das man ansonsten in koscheren Läden oder gut sortierten Einkaufsmärkten erhält.
Für die Chrein-Sauce den Meerrettich schälen, die beiden Enden kappen und die Wurzel in der Küchenmaschine zerkleinern oder mit einer Reibe fein raspeln.
Die Rüben kochen, schälen und ebenfalls – über den Meerrettich – reiben. In einer Schüssel mit dem Zucker (oder Honig) verrühren und mit Pfeffer und Essig abschmecken. Ergibt etwa ½ l Sauce.
Für die Arbeit mit dem Meerrettich sollte man unbedingt Haushaltshandschuhe anziehen!
Statt des frischen Meerrettichs kann man (wenn es sein muß) auch Meerrettich (scharfen!) aus dem Glas verwenden (¼ l) und entsprechend weiterverarbeiten.

Finale
Das letzte Mahl

Wem die Stunde schlägt, der sollte wenigstens noch mal ordentlich gegessen haben. Dieser Einsicht verdanken wir die Henkersmahlzeit. Lukullus, der legendäre römische Feldherr, dessen Name zum Synonym für Kochkunst wurde, denkt angesichts der ewigen Verdammnis nur an das Lammfleischgericht, das ihm sein Koch zubereitet hat, und nicht an die 80.000, die für eine Schale Hirsebrei oder ein Linsengericht in die tödliche Schlacht zogen.

Während Lukullus den Tod hinter sich und die Ewigkeit vor sich hat, wissen die meisten Bühnengestalten noch nichts von dem bevorstehenden einschneidenden Erlebnis ihres Lebens. Sie sorgen sich dann um so unwichtige Details wie den Preis der letzten Mahlzeit. "Möchte wissen, was du zahltest", grübelt Colombina, als ihr Taddeo das Brathähnchen zum Abendessen bringt. Und Mozarts Don Giovanni liegt die Auswahl der Tafelmusik und des richigen Weines sehr am Herzen, bevor er zur Hölle fährt.

Don Giovanni hat sich seinen Henker selbst zum Mahl geladen, andere befördern sich und die anderen mit dem Kochlöffel ins Jenseits. Und wenn es die sorgsam präparierte Pilzpfanne nicht schafft, dann fragt man höflich: "Darf's noch ein Löffel Gift sein, Liebling?" Den Gipfel der Geschmacklosigkeit erreicht allerdings jener Jack Smith, der sich nach dem Verzehr zweier Kälber am liebsten ins eigene Fleisch schneiden würde.

Wenn dann die verschiedenen Bühnengestalten ihren Löffel abgegeben haben, gibt es für die Hinterbliebenen noch einen Lichtblick: den Leichenschmaus.

*

»O Lasus! Dein Lammfleisch!«
PAUL DESSAU: DIE VERURTEILUNG DES LUKULLUS
Oper in zwölf Szenen
Dichtung von Bertolt Brecht nach seinem Hörspiel "Das Verhör des Lukullus"
Uraufführung 1951 an der Deutschen Staatsoper, Berlin

Das letzte Hemd hat keine Taschen, nichts, wo man ein Lunchpaket unterbringen könnte, noch nicht mal einen Platz für einen Müsliriegel, für wenn's mal wieder länger dauert vor des Petrus Pforte oder beim Einchecken an Charons Fährbahnhof, Styx, einfach, Nichtraucher. "Was bei Jupiter soll das bedeuten? Ich stehe und warte hier!" Lakalles ist außer sich und stampft zornig mit dem Fuß auf. So sind sie, die großen Leute, wenn das wahre Leben zuschlägt und weder die Sekretärin, noch der Fahrer und nicht der Chef des PR-Stabes da sind, die man herumscheuchen kann. "Ist hier keine Ordnung? Wo steckt zumindest mein Koch Lasus?" Mit Lasus wäre das Warten an der Tür zum Schattenreich noch einigermaßen erträglich, ein Mann, "der aus Luft und Luft immer noch ein kleines Süppchen bäckt!"
Daß Lakalles von der Kochkunst keine Ahnung hat, zeigt der letzte Satz: Suppe wird nicht gebacken, sondern gekocht!
Lakalles, wie ihn das Volk nennt, oder Lukullus, wie er sich selber nennt, ein General ohne seine Truppen – so steht er vor dem Totengericht, das alle seine Großtaten, die auf einem Marmorfries verewigt sind und von kommenden Schülergenerationen des humanistischen Bildungsweges memoriert werden, auf die Frage reduziert: Welches war der gesellschaftliche Nutzen des Lucius Licinius Lucullus?
Man kann darüber streiten, was den Menschen nützt und was ihnen schadet, und Bert Brecht, der alte Dialektiker, wußte, wie er zu argu-

mentieren hatte, der Propagandeur wußte, wie er die Diskussion auf die Bühne des "epischen Theaters" zu bringen hatte, und das "Ministerium für Volksbildung der DDR" wußte, worauf es zu achten hatte: Nach der "Probeaufführung" des Werks in der Staatsoper Berlin wurden "auf Grund eingehender Diskussionen" verschiedene Einfügungen gemacht. So kam ein Loblied auf die Wehrbereitschaft und eine Eloge auf die Gefallenen des Asienfeldzugs in das Stück.

Geschrieben hatte es Bert Brecht im Exil in Schweden als Hörspiel unter dem Titel "Das Verhör des Lukullus". Gesendet wurde das "Verhör" als "Lukullus vor Gericht" von dem Schweizer Sender Beromünster. In der Berliner Opernfassung erhielt es den Titel "Die Verurteilung des Lukullus", und aus dem antiken Totengericht machte Brecht ein Schöffengericht, in dem ein Fischweib, eine Kurtisane, ein Lehrer, ein Bäcker und ein Bauer zu Wort kommen. Das Ende des Gerichtsverfahrens blieb im Hörspiel offen; in der Oper dagegen wird Lukullus "ins Nichts" gestoßen.

Wir selbst betätigen uns ja gern als Schattengericht, wenn wir Straßen benennen (und umbenennen), Briefmarken widmen und Gedenktage zelebrieren. Was blieb von Lukullus? Der Kirschbaum, den er uns von Asien nach Europa brachte. Andererseits: Ein Kirschbaum! Die Eroberung hätte er machen können mit nur einem Mann, aber 80.000 schickte er herunter, so bemerkt der Sklave, der ein Lehrer war, ganz richtig.

Und wo bleibt das Lukullische? Wie kam es, daß wir die Kochkunst und die Gaumenfreuden so mit seinem Namen verbinden? In all dem Kriegsgetümmel fand er noch Zeit, Kochrezepte zu erfinden. Sein Koch gerät bei dem Gedanken an die Stunden im Küchenzelt ins Schwärmen: "Ich gedenke der schönen Fleische noch oft / Des Geflügels und schwarzen Wildbrets / Die er mich braten ließ. / Und saß nicht nur am Tische / Gab mir ein lobend Wort / Stand oft bei mir an der Pfanne / Und mischte selbst ein Gericht. / Lammfleisch à la Lukullus / Machte unsere Küche berühmt."

Ah, da haben wir doch etwas, daß des seligen Gedenkens wert wäre: Lammfleisch à la Lukullus! Die Rezepte des Lukullus sind allerdings leider nicht überliefert. Hätte man sie ins marmorne Fries graviert, wäre das noch mehr wert gewesen als alle Darstellungen von Schlachtengetümmeln. Doch wenn wir uns erinnern an das Wehklagen des Feldherrn vor der Tür zum Schattenreich: "O Lasus! Dein Lammfleisch mit Lorbeer und Dill!" – das wäre doch ein Hinweis.

Und so habe ich mich in mein Küchenzelt an den Herd begeben, Lasus links, Lukullus rechts, und habe – mit freundlicher Hilfe des Apicius – der Welt zurückgegeben:

LAMMFLEISCH À LA LUKULLUS – *Agnus Lucullinus*
1 kg Lammfleisch, Pfeffer, Öl, ½ Glas Rotwein,
3 Lorbeerblätter, 2 TL Dillsamen,
3 eingelegte Sardellenfilets (Anchovis),
einige Knoblauchzehen (nach Geschmack),
Weißweinessig

Das Lammfleisch in Würfel schneiden, pfeffern und in Öl (Olivenöl) kräftig anbraten, bei kleinerer Hitze etwa 5 Minuten weiterbraten. Ein wenig heißes Wasser, ein halbes Glas Rotwein und Lorbeerblätter zugeben. Bei mittlerer Hitze eine gute Stunde kochen.

Die Sardellenfilets wässern, trocknen und kleinschneiden. Mit den Dillsamen und den Knoblauchzehen pürieren, ein wenig Essig untermischen, bis die Masse pastös ist.

Das Fleisch in einer Schüssel warmstellen, die Flüssigkeit im Topf auf dem Herd zum Kochen bringen, den Bratsatz ablösen und die Würzpaste einrühren. Die Sauce eventuell nachwürzen und (ohne sie zu passieren!) zum Fleisch reichen.

Dazu reiche ich Lenticulae – Linsen: Die Linsen gut waschen, dann in reichlich Wasser 2 Stunden einweichen. Abgießen und mit frischem Wasser zum Kochen bringen. Nach 10 Minuten abgießen und erneut mit Salzwasser, Lauchringen, Korianderblättern und gehackter Minze aufsetzen und langsam weichkochen. Zum Schluß Pfeffer darüberreiben und mit einem Schuß Essig abschmecken.

Als Dessert erwähnt Lukullus "Phrygische Küchlein mit bittern Beeren". Phrygien ist die antike Bezeichnung Anatoliens, mit den bittern Beeren meint der Römer zweifelsfrei eine Wildform der von ihm für das Abendland entdeckten Kirsche. Wir machen daraus

KIRSCHBISKUITS – *Placentulae Phrygiae*
Ergibt 24 Stück
FÜR DIE KIRSCHMARMELADE:
100 g Schattenmorellen, 160 g Zucker,
½ Tasse Wasser, Zitrone

Die Kirschen entsteinen. Zucker, Wasser und ein Spritzer Zitronensaft zum Kochen bringen. Die Kirschen hineinrühren, vom Feuer nehmen und 30 Minuten ziehen lassen. Dann noch einmal 30 Minuten kochen, dabei Schaum abschöpfen. Wenn die Kirschmasse fest zu werden beginnt, beiseite stellen.

FÜR DIE BISKUITS:
100 g Butter, 50 g Zucker, 175 g Mehl, 24 Gewürznelken,
Puderzucker

Die Butter mit dem Zucker schaumig rühren, das Mehl hinzufügen und zu einem glatten Teig verarbeiten.
Den Teig zu einer Rolle formen, in 24 Stücke schneiden, die Teigstücke zu Kugeln rollen und auf das mit Backpapier ausgelegte Backblech setzen. Jede Kugel mit dem Finger eindrücken und jeweils eine Nelke in die Mulde stecken.
Bei 150° C 15 Minuten backen.
Die Nelken entfernen und Kirschmarmelade in die Mulde füllen. Mit Puderzucker bestäuben.
Ist diese meine lukullische Tat gewichtig genug, mich beim Verhör vor dem Schattengericht bestehen zu lassen? Ich fürchte, ich muß mich noch ein wenig nützlicher machen, denn schon der Meister selbst wurde niedergebügelt: "Was soll nun das, daß er gern aß?"

*
»Möchte wissen, was du zahltest«
RUGGIERO LEONCAVALLO: BAJAZZO (I PAGLIACCI)
Drama in zwei Akten und einem Prolog
Dichtung vom Komponisten
Uraufführung 1892 am Teatro alla Scala, Mailand

Der 15. August, der Tag der Himmelfahrt Marias, ist als "Ferragosto" einer der großen geselligen Festtage des italienischen Kalenders. An diesem Tag des Jahres 1865 nahm der Diener der Familie Leoncavallo den siebenjährigen Ruggiero an die Hand und besuchte mit ihm die Vorstellung einer Komödiantentruppe, die gerade im Ort Montalto in Kalabrien gastierte. Während der Aufführung verschwand der Hausdiener hinter den Kulissen, weniger aus Neigung zum Theater, denn weil er sich zur Frau des Bajazzo hingezogen fühlte. Der Eifersüchtige ertappte die beiden und stach sie nieder – die Vorstellung endete diesmal mit der Verhaftung des Hauptdarstellers.

Diesen "Ferragosto"-Ausflug vergaß Ruggiero Leoncavallo sein Leben lang nicht. In "I Pagliacci" setzte er das Erlebnis seiner Kindheit um. Er stellte eine Eifersuchtskomödie im Stil der Commedia dell'Arte und die bitterernste Realität – nebeneinander und miteinander verwoben – auf die Opernbühne und schuf damit eines der erfolgreichsten Werke des "Verismo", des italienischen Naturalismus.

Canio ist auf der Wanderbühne Bajazzo, und Nedda, seine Frau, ist Colombina und treibt es mit dem Bauernburschen Silvio. Taddeo liegt ihr auf der Komödienbühne samt Brathähnchen schmachtend zu Füßen ("Denn die Stunde ist nah, zu entblößen mein Herz"), doch Nedda/Colombina "möchte wissen, was du zahltest" für das Geflügel. Sie weiß, daß man auf Erden für alles zahlen muß – früher oder später. Einsfünfzig hat das Geflügel gekostet, und da sich unserer Kenntnis entzieht, welche Währung 1865 in Kalabrien im Umlauf war, können wir nicht beurteilen, ob Taddeo den Schmaus wohlfeil erstand.

Vorstellen können wir uns allerdings, was Colombina mit dem Vogel angerichtet hat, als Nedda, hinter der Kulisse, versteht sich:

HUHN »COLOMBINA« – *Pollo "Colombina"*

*1,2 bis 1,5 kg junges Huhn, in Stücke geteilt, Salz, Pfeffer, 2 EL Olivenöl,
¼ Tasse feingehackte Zwiebeln, 1 TL feingehackter Knoblauch,
½ Tasse trockener Weißwein, 2 EL Weißweinessig,
½ Tasse Hühnerbouillon, Oregano, Lorbeerblatt, 1 EL entsteinte
schwarze Oliven, 3 Anchovisfilets, Kapern, Salbei*

Die Hühnerteile mit Salz und Pfeffer würzen. In einer schweren, großen Pfanne das Olivenöl erhitzen, die Hühnerteile nacheinander ringsum bräunen (zuerst die Hautseite). Auf einem Teller beiseite stellen. Fast alles Fett aus der Pfanne abgießen, die Zwiebeln und den Knoblauch hineingeben und bei mäßiger Hitze unter ständigem Rühren 8 bis 10 Minuten schmoren, bis alles leicht gebräunt ist. Den Wein und den Essig hinzugießen und schnell aufkochen, bis die Flüssigkeit auf etwa 1/4 Tasse eingedickt ist. Dann die Hühnerbouillon hinzufügen, unter dauerndem Rühren 1 bis 2 Minuten kochen und dabei den Bratensatz aufrühren. Die Hühnerteile in die Pfanne zurückgeben, Oregano und Lorbeerblatt hinzufügen und für etwa 30 Minuten kochen. Die Oliven der Länge nach schneiden, die Anchovis unter kaltem Wasser abspülen, abtrocknen und kleinhacken. Die Hühnerteile auf eine Platte legen. Das Lorbeerblatt aus der Pfanne fischen, die Bouillon einkochen, die Oliven, Anchovisstücke und die Kapern nach Geschmack einrühren, mit Salbei abschmecken und noch eine Minute kochen lassen. Die Sauce über das Huhn gießen.

In Olivenöl habe ich derweil Reis glasig werden lassen und dann mit Hühnerbrühe bedeckt und darin sanft köchelnd gargekocht. In ein wenig Butter dünste ich einige blättrig geschnittene Pilze und würze sie mit Salz, Pfeffer und Muskat. Die Pilze mische ich unter den Reis und trage ihn sehr heiß auf – notfalls muß das Huhn im Ofen warmgehalten werden.

Bei Leoncavallo hat Arlecchino zum Abendessen eine Flasche mitgebracht. Was anderes sollte es gewesen sein als ein Kalabreser, etwa ein Gaglioppo von Cirò, wahrscheinlich keiner von den alten, samtigen, doch vollmundig und rubinrot war er gewiß. Buon Appetito!

Ein Stern und eine süße Erinnerung

Der Begriff "Star" ist nicht so jung, wie man denken mag. Von "étoile", einem Stern am Himmel der Oper (und später des Films) sprach man in Frankreich schon zu Anfang des Jahrhunderts. Doch schon zu Giuseppe Verdis Glanzzeit, in den 80er Jahren des 19. Jahrhunderts, war der Begriff anscheinend populär. "Man spricht jetzt von 'Künstler-Stern'", schreibt er in einem seiner Briefe und weist ihn gleichzeitig für sich zurück.

Ein Künstler-Stern, der zu seiner Zeit am Aufgehen war, war Nellie Melba, eine australische Sopranistin, die schon damals zu Gastspielen um den Globus reiste. Einer ihrer größten Bewunderer war der "Koch-Stern" Georges Auguste Escoffier, nachgerade ein Fixstern am Himmel der Gastronomie. "Neuheit heißt die Parole – Neuheit um jeden Preis!" erkannte Escoffier den Geist der Zeit und wurde zu einem der ersten Köche, die tatsächlich Gerichte "erfanden". Für Nellie kreierte er im Jahr 1900

PFIRSICH MELBA

*4 Pfirsiche, 250 g Kristallzucker, 1 Vanilleschote,
350 g Himbeeren, Zitrone, 1 bis 2 TL Kirschwasser,
½ l Vanilleeis, 30 g Mandelsplitter*

Die Pfirsiche schälen. 3 EL Zucker, ¼ l Wasser und die Vanilleschote zum Kochen bringen. Die Hitze reduzieren und die Pfirsiche in den Sirup legen. Zugedeckt 5 Minuten ziehen lassen. Zur Seite stellen und abkühlen lassen. Die Früchte herausheben, abtropfen lassen, halbieren und entsteinen.

Die Himbeeren durch ein feines Sieb passieren, den restlichen Zucker zugeben und unter Rühren 5 Minuten bei sehr kleiner Hitze ziehen lassen. 1 TL Zitronensaft zufügen, vom Feuer nehmen, Kirschwasser hineinrühren und abkühlen lassen.

Das Vanilleeis in Gläser oder Schalen verteilen, je zwei Pfirsichhälften daraufgelegt, mit der Himbeersauce übergießen und mit Mandelsplittern bestreuen.

*
»Dieses Pilzgericht macht Tote noch lebendig«
SIEGFRIED MATTHUS: NOCH EIN LÖFFEL GIFT, LIEBLING?
Dichtung von Peter Hacks nach Saul O'Haras Komödie
"Risky Marriage"
Uraufführung 1972 an der Komischen Oper, Berlin

Wenn die Oper "Noch ein Scheibchen Roastbeef, Darling?" hieße oder "Noch ein Löffelchen Kaviar, Schatz?" – es könnte unsere Lieblingsoper werden und die Devise abgeben für dieses Buch. Aber "Noch ein Löffel Gift, Liebling?" – das ist doch eher kontraproduktiv, wenn man so sagen darf: Nichts, bei dessen Genuß man sagen könnte, "das machen wir mal wieder!"

Doch ehe Inspektor Campbell in den Ruhestand tritt, den man gemeinhin den wohlverdienten nennt, will er noch die geheimnisvollen Todesfälle der sechs Ehefrauen von Oberst Brocklesby und die ebenso mysteriösen Todesfälle der sechs Ehemänner der Lydia Barbent aufklären. "Noch ein Löffel Gift, Liebling?" – so könnte es doch gewesen sein, argwöhnt Campbell und macht die beiden Giftköche miteinander bekannt.

Ein kriminalistisches Experiment: Lydia und der Oberst, zwei geldgierige Gattenmörder mit nicht unbeträchtlichem Vermögen, werden in die Ehe getrieben, miteinander, wohlverstanden – wer wird auf der Strecke bleiben und wer wird das reiche Erbe antreten?

Und so belauern und bekochen sie sich, denn nicht nur die Liebe, auch der Tod geht durch den Magen. "Wahrhaftig, dieses Pilzgericht" singt der Oberst, "macht Tote noch lebendig". Wenn er sich da mal nicht täuscht...

Der Argwohn sitzt bei beiden tief, auch wenn Lydia ihr Rezept preisgibt: "Mit Zwiebeln briet ich sie, mit Speck und Weißwein". Das Arsen bleibt auf dem Gewürzbord bei unserer ...

PILZPFANNE »LYDIA«

500 g Steinpilzchampignons, 100 g Dörrfleisch, 1 Bund Schalotten,
Salz, Pfeffer, Estragon, ⅛ l Riesling

Die Pilze blättrig schneiden. Das Dörrfleisch würfeln, in einer Pfanne schwitzen lassen. Das Weiße der Schalotten fein hacken, zu den glasigen Speckwürfeln geben und ebenfalls ein wenig dünsten. Pilze dazugeben, durchrühren und gut von allen Seiten anbräunen. Mit Salz und Pfeffer würzen, Estragon vorsichtig dosiert darüberstreuen. Mit dem Wein ablöschen. Noch einmal kurz erhitzen, ohne daß es kocht.

Versuchen Sie's, vielleicht mit einem Kartoffelrösti – es schmeckt, um mit dem Oberst zu singen: "Göttlich". So lange sie den Herd nicht verlassen, kann eigentlich nichts passieren. Lydia und der Oberst sind sich da nicht so sicher – ihr Pilzragout bleibt ungegessen, damit die Oper in den nächsten Akt gehen kann.

Lydia und der Oberst leben im Gleichgewicht des Schreckens, bis sie die Vergeblichkeit ihres Bemühens einsehen. Da gibt es dann einen echt britischen High Tea, bei dem beide mit Sardellentoast, Gurkenbrötchen und mit Käse ihren Waffenstillstand feiern: "Sie stürzen sich auf die Platten und fressen", heißt es in der Regieanweisung. Welche Erleichterung muß die beiden durchströmt haben! Sie stoßen an "Auf das Vertrauen!"

Und da wären noch "Diese Hähnchen in Aspik, diese seelenvolle Musik." Also zuerst die

HÄHNCHEN IN ASPIK

50 g Karotten, 50 g Zwiebel, 10 g Sellerie, 1 Kräuterbündel,
einige Pimentkörner, 1 Lorbeerblatt, 2 junge Hühner
(je 900–1000 g), Salz, 120 g recht rote Pökelzunge,
120 g hartgekochtes Eiweiß, 120 g Cornichons, 1 Beutel Gelatine

Die Karotten, die Zwiebel, den Sellerie und die Kräuter und Gewürze in einer Kasserolle aufsetzen, ganz wenig Wasser dazugeben. Wenn der Topfinhalt anhängt, gibt man die Hühner dazu und gießt mit soviel

Wasser auf, bis alles knapp bedeckt ist. Zum Kochen bringen, abschäumen, stark salzen und bei leichter Hitze eine Stunde kochen lassen. Die Hühner herausnehmen. Den Fond abseihen, gründlich entfetten und beiseite stellen.

Die Pökelzunge, das Eiweiß und die Cornichons in 5 mm große Würfelchen schneiden. Die Hühnerbrüstchen auslösen, enthäuten und jedes in drei schräge Scheiben schneiden; die Keulen anderweitig verwenden.

Aus dem Fond und dem Gelierpulver nach Anleitung einen Gelee bereiten.

Den Boden einer flachen Glasschale mit einer Schicht Gelee bedecken und erstarren lassen. Die Hühnerbrüstchen auf dem Gelee anrichten und mit den Würfelchen bunt bestreuen. Das Ganze mit dem gerade stockenden Gelee soweit begießen, daß alles gut bedeckt ist, und zum Erstarren in den Kühlschrank stellen. Das Gelee muß zart sein, aber genügend Halt haben.

So, und dann die Musik, Matthus, wenn's recht ist.

Notabene: Sie schaffen sich dann doch noch, Lydia und der Oberst. Stilvoll, versteht sich, zwischen den Pickles-Gläsern und dem Sherry-Regal.

*

»Erstens, vergeßt nicht, kommt das Fressen«
KURT WEILL: AUFSTIEG UND FALL DER STADT MAHAGONNY
Oper in drei Akten
Dichtung von Bertolt Brecht
Uraufführung 1930 am neuen Theater, Leipzig

Nach dem Erfolg der "Dreigroschenoper" kam 1930 die Fabel von der Stadt Mahagonny heraus, der Stadt irgendwo zwischen Goldrausch und Weltuntergang, zwischen Boomtown und Einöde. Mahagonny ist die Stadt völliger Freiheit – solange man sie bezahlen kann. Doch nach dem Boom folgt die Rezession. In der "Nacht des Entsetzens", als ein verheerender Hurrikan die Stadt in letzter Sekunden verschont, findet

Paul die "Gesetze der Glückseligkeit", deren erstes heißt: "Du darfst!". Er wird schließlich selbst Opfer der strikten Auslegung seiner Gesetze, denn es heißt auch im anarchischen Mahagonny immer noch: du darfst, wenn du bezahlen kannst: "Unverstand und Laster! Und das Schlimmste ist: Kein Zaster!" In einer Apokalypse aus Hunger, Feuer, Raub und Mord geht Mahagonny unter. Das Finale faßt die Moral in die Worte: "Können uns und euch und niemand helfen!"

Die Musik Kurt Weills ist schlichte Melodik, volksliedhaft zuweilen, mit einfachen Harmonien unterlegt, Foxtrott- und Bluesthemen mit synkopischen Rhythmen, kunstvolle Polyphonie nach klassischen Vorbildern, gespielt von einem kleinen Orchester, das von Blasinstrumenten dominiert wird, daneben Banjo, Klavier, Zither, Harmonium und viele Schlaginstrumente.

Darf man der Überlieferung glauben, dann sah man in der Leipziger Uraufführung Menschen, die gleichzeitig applaudierten und Buh-Rufe von sich gaben. Wenn es nicht wahr ist, so ist es doch gut erfunden, denn von dem Werk geht in der Tat eine zwiespältige Attraktivität aus.

"Erstens, vergeßt nicht, kommt das Fressen, zweitens kommt die Liebe dran, drittens das Boxen nicht vergessen, viertens Saufen, so lang man kann." So singen die Männer ein Jahr nach dem großen Hurrikan. Jack Schmidt hat sich die Maxime Nummer 1 zu eigen gemacht. Darum wird er jetzt auch Vielfraß genannt. "Jetzt hab' ich gegessen zwei Kälber und jetzt esse ich noch ein Kalb." Aber, ach, er findet darin keine Befriedigung. Er gehört zu jenen Menschen, die das Wort "satt" nicht kennen: Entweder haben sie Hunger oder es ist ihnen schlecht. "Alles ist nur halb, alles ist nur halb", seufzt Schmidt im Dreiviertel-Takt zu original Schrammelmusik, zu Zither und Akkordeon. Der Walzer der Gefräßigkeit erreicht seinen matten Höhepunkt im Herzenswunsch eines autophagen Gargantua: "Ich äße mich gern selber."

Es ist gut, wenn man Freunde hat, die zu einem halten: "Herr Schmidt!" rufen die Männer, "Sie sind schon dick: essen Sie! Essen Sie noch ein Kalb!" – "Ist es weg, dann hab' ich Ruh', weil ich vergess'" – wir wissen, daß das so wenig stimmt wie jede Selbsttäuschung eines Süchtigen: Wenn ich will, kann ich jederzeit aufhören. "Brüder, gebt mir noch..."

sind denn auch geradezu zwangsläufig die letzten Worte Jack Schmidts. Ein schönes Ende, sagen Sie? So sehen das auch Jimmi, Sparbüchsen-Bill, Alaska-Wolf-Joe, Fatty und Dreieinigkeits-Moses: "Sehet, welch ein Glückseliger", psalmodieren sie, "sehet, welch unersättlicher Ausdruck auf seinem Gesicht ist, weil er sich gefüllt hat, weil er nicht beendet hat: ein Mann ohne Furcht!"

Kalbfleisch, also. Wir beginnen mit ganz kleinen Portionen.

KALBSKLÖSSE »MAHAGONNY«

FÜR DIE FARCE:
2 Brötchen, 500 g Kalbfleischhack, 2 Eier, 60 bis 80 g saure Sahne, Salz, Pfeffer

FÜR DEN TEIG:
100 g Mehl, 1 EL Öl, Cognac, Salz, 2 Eiweiß

Die Brötchen in Wasser oder Milch einweichen. Gut ausdrücken und mit dem Kalbshack vermischen, mit den Eiern und der Sahne binden. Würzen.

Mit feuchten Händen kleine Klöße formen.

Aus Mehl, Öl, einem Schuß Cognac und, wenn nötig, ein wenig Wasser einen Teig bereiten, salzen. Die Eiweiß aufschlagen und unter den Teig ziehen.

Die Fleischklöße darin wenden und im heißen Fett backen, bis sie schön braun sind.

Die Kalbsklößchen lassen wir abtropfen und setzen sie auf einen Berg von buntem Salat, den wir mit einer stark gewürzten Vinaigrette beträufelt haben.

*
»Vom Fasan hier diesen Schlegel«
WOLFGANG AMADEUS MOZART: DON GIOVANNI
Dramma giocoso in zwei Akten
Dichtung von Lorenzo da Ponte
Uraufführung 1787 am Gräflich Nostitzschen Nationaltheater, Prag

"Im Herbst des Jahres 1787 unternahm Mozart in Begleitung seiner Frau eine Reise nach Prag, um Don Juan dortselbst zur Aufführung zu bringen." So läßt Eduard Mörike knapp 70 Jahre später seine Novelle "Mozart auf der Reise nach Prag" beginnen. Mozart hat einen Teil der Don Giovanni-Partitur im Koffer, den Rest schreibt er in Prag nieder, während Orchester und Sänger bereits für die Uraufführung proben. Die 100 Dukaten des Theaterdirektors Bondini waren ein unschlagbares Argument für pünktliche Ablieferung ausreichend vieler und ausreichend guter Noten.

Don Juan, wie er im literarischen Vorbild (einer kastilischen Sage) und im Deutschen heißt, stand erstmals um 1630 auf der Bühne, wohl war es ein Mönch, der ihm poetisches Leben einhauchte. Ob er jemals tatsächlich unter den Lebenden weilte, verliert sich im Dunkel der Geschichte. Doch das Bühnenleben verlor er nimmer. Von Spanien aus trat er seinen Siegeszug durch Europa an, bis Mozart ihm zu dauerhaftem Weltruhm verhalf. Die Oper wurde – zumindest in Prag – ein großer Erfolg. Danach schrieb Mozart nur noch drei Opern ("Così fan tutte", "La clemenza di Tito" und "Die Zauberflöte", die beiden letzteren in seinem Todesjahr).

Don Giovanni ist ein alter Schwerenöter, der vor keinem Rock halt macht. Intrige, Täuschung und rohe Gewalt bereiten ihm den Weg in manches Schlafzimmer und vergrößern die Lust an der Sache. Sein Diener Leporello ist immer eifrig zu Diensten, auch wenn seine eigene Braut schon Opfer von Giovannis Gelüsten wurde. Er ist der Buchhalter des sinnlichen Taumels: mille e tre – bei tausendunddrei ist er auf seiner frivolen Liste (dem später nach ihm so benannten Leporello) von Don Giovannis Freveltaten angekommen.

Die Handlung pendelt zwischen Burleske und Tragödie, zwischen Mystik und Lebensfreude, die Figuren sind keine Typen, sondern Menschen mit der ganzen Breite menschlicher Gefühle. Mozart verstand es in Don Giovanni wie nie zuvor, dieses Spektrum musikalisch zu bedienen. Am schauerlichsten ist Mozarts Musik in jener Friedhofsszene, in der das Standbild des von Don Giovanni getöteten Komturs die höhnische Einladung zum Nachtmahl annimmt und ein Hauch von Jenseits über den Orchestergraben weht. Und natürlich dann, wenn der "Steinerne Gast" tatsächlich am Abendbrottisch erscheint.

"Ich griff einen Akkord und fühlte, ich hatte an der rechten Pforte angeklopft, dahinter schon die ganze Legion von Schrecken beieinanderliegen", läßt Mörike seinen Mozart über die Arbeit an dieser Szene berichten. "So kam fürs erste ein Adagio heraus: d-Moll, vier Takte nur, darauf ein zweiter Satz mit fünfen; es wird, bild' ich mir ein, auf dem Theater etwas Ungewöhnliches geben, wo die stärksten Blasinstrumente die Stimme begleiten." Posaunen sind's, die Mozart hier gravitätische Schauer verbreiten läßt.

Weil das aber nicht die rechte Tafelmusik ist, gewährt der Meister seinem Don Giovanni die Unhöflichkeit, schon vor dem Eintreffen des Gastes mit dem Essen zu beginnen. "Ha, das Mahl ist schon bereitet! Macht Musik, ihr lieben Leute!" singt Don Giovanni in köstlichstem D-Dur und heißt Leporello, die Speisen aufzutragen. Die Musik, die Giovannis Salonorchester (auf der Bühne) anstimmt, ist einer damals vielgespielten Oper von Vicente Martin y Soler entnommen, was Leporello auch sofort erkennt: "Bravo! 'Cosa rara'!" Er erkennt allerdings auch, wie gut seinem Herrn die Speisen munden und beklagt sich: "Was sind das für Riesenbissen, und vor Hunger sterb' ich schier."

Doch die neue Melodie des Orchesters läßt ihn auf andere Gedanken kommen: "Wie heißt doch die alte Oper?" fragt er sich. Im italienischen Originaltext wird die Lösung mitgeliefert: "Evvivano i litiganti" ("Hoch leben die Streitenden") – "I pretendendi delusi ovvero Fra i due litigandi il terzo godo" ("Die enttäuschten Bewerber oder auch: Zwischen zwei Streitenden freut sich der Dritte") heißt das zitierte Werk von Giuseppe Sarti, das 1768 in Venedig in Szene gegangen war.

Don Giovanni ist bei den alkoholischen Genüssen angelangt und verlangt nach dem edlen Marzimino, wahrscheinlich einem Marzimino di Trento, einem Rotwein aus dem Etschtal. Das gibt Leporello Gelegenheit zum Mundraub: "Vom Fasan hier diesen Schlegel bring' ich sachte, sachte außer Sicht". Und während Giovannis Musiker eine Melodie aus "Figaros Hochzeit" anstimmen (Leporello: "Die Musik kommt mir äußerst bekannt vor!"), also während dieser Schnurrpfeifereien, fragt man sich, ob Don Giovanni seine Einladung vergessen hat.

Der "Steinerne Gast" jedoch, das Standbild des toten Komturs, hat die Einladung nicht vergessen. Noch bevor der letzte Fasanenschlegel verspeist, das letzte Glas Marzimino geleert ist, betritt der Commendadore, wie er im Original heißt, den Speisesaal. Dazu eine Musik, "durch welche auch der Nüchternste bis an die Grenze menschlichen Vorstellens, ja über sie hinaus gerissen wird, wo wir das Übersinnliche schauen und hören", um mit Mörikes Mozart zu sprechen. "Als der Halbverklärte die ihm angebotene irdische Nahrung verschmäht, wie seltsam schmerzlich wandelt seine Stimme auf den Sprossen einer luftgewebten Leiter unregelmäßig auf und nieder!"

Wir halten es mit Leporello und wollen die irdische Nahrung nicht verschmähen. Greifen Sie zu, es gibt Fasan!

FASAN MIT GRANATAPFEL »DON JUAN«

2 junge Fasanen, Salz, Pfeffer, 60 g Butter,
1 Gläschen spanischen Weinbrand, Saft einer halben Zitrone,
Saft von zwei Granatäpfeln

Die Fasanen in jeweils sechs Teile zerteilen (Keule, Rücken und Brust), mit Salz und Pfeffer würzen und in der Butter rosa braten. Auf der Anrichtplatte warm stellen. Die überschüssige Butter aus der Pfanne abgießen und den Bratsatz mit dem Zitronensaft und dem Weinbrand ablösen. Den Granatapfelsaft dazugeben, eventuell nachwürzen, noch einmal erhitzen und über die Fasanenstücke gießen.

Dazu gibt es Nußkartoffeln, mit einem Ausstecher geformte kleine Bällchen roher Kartoffeln, die gesalzen in reichlich Butter in einem fest verschlossenen Topf unter gelegentlichem Schütteln gebräunt werden. Außerdem garen wir Artischockenböden in schwach wallendem Salz- und Essig-Wasser. Herausnehmen und abtropfen. Oder Artischockenböden aus der Dose nehmen und dann wie die gegarten frischen Böden in reichlich Butter dünsten, salzen und pfeffern.

Lorenzo Da Ponte, der das Libretto verfaßt hatte, verschlug es übrigens 1805 nach Amerika. In New York engagierte er sich für die italienische Oper und nach einer Reihe von Aufführungen des "Barbiers von Sevilla", den der Musiker Manuel Garcia in die Neue Welt gebracht hatte, regte er 1825 an, den "Don Giovanni" einzustudieren. Prinz Bernhard von Sachsen-Weimar berichtete von dem Theaterereignis im Park Theatre: "Es war mir eine große Befriedigung, eine klassische Oper so gut dargebracht zu sehen." Da Ponte starb 1838 in der Spring Street in Manhattan, sein Grab ist – wie das Mozarts – unbekannt.

»Macht Musik ihr lieben Leute!«

Wissen Sie, was Muzak ist? Muzak ist Musik, nur daß keiner zuhört. Muzak ist James Last im Supermarkt, Bocelli beim Italiener und Vivaldi auf dem Hotelklo. Muzak ist Hintergrundmusik und war schon immer ein Zeichen von verfeinerter Kultur, vor allem verfeinerter Eßkultur.

Schon bei den Griechen der Antike gehörten Musik und Tanz zu einem gelungenen Mahl, und auch bei den Römern war Hintergrundmusik beim Tafeln Usus. Durchs Mittelalter hindurch, vor allem aber in Renaissance und Barock gehörte die Tafelmusik bei den hohen und höchsten Herrschaften selbstverständlich zum Essen, ja, sie wurde eigens zu diesem Zweck komponiert: "Banchetto musicale", "Tafel Consort", "Divertimento di grassi" ("Vergnügen der Fetten") so oder ähnlich war die Kammermusik zum "Tafeldienst" betitelt. Hofmusiker waren zum Komponieren solcher Musiken verpflichtet und damit nicht höher gestellt als der Gärtner, der den Tischschmuck, und der Koch, der die Speisen auf den Tisch brachte.

Wie Gärtner und Koch machten sich auch die Tafelmusiker Gedanken über den Beitrag ihrer Kunst zum Wohlbefinden der Tischgäste. Und wer es sich leisten konnte, hielt sich eine eigene Haus- und Hofkapelle. Noch Joseph Haydn war Chef eines solchen Orchesters in Diensten des Grafen Eszterházy und verfaßte Gebrauchsmusik für das Hofleben. Auch Don Giovanni verfügt über eine solche Kapelle. "Ha! Das Mahl ist schon bereitet!" ruft er aus und wendet sich allsogleich seinen Musikern zu: "Macht Musik, ihr lieben Leute! Fürstlich will ich Euch belohnen, frohe Weisen spielet mir!" Das gibt Mozart die Gelegenheit, die 1790er Charts herunterzuspielen. "Das ist eine so hübsche Musik, als nur zu denken ist", belobigt auch Dorimène den Bürger Jourdain, der ein Edelmann werden will und also auch der edlen Musik bedarf.

Doch nicht jeder mag beim Essen von Musik gestört werden. 1220 schon erließ der Rat der Stadt Worms eine Verordnung, die jedem Wirt, der Spielleute gegen den Willen seiner Gäste einließ, 30 Solidi Strafe auferlegte. Die Musiker waren noch bis ins höfische Zeitalter schlecht angesehen, da sie "Gut für Ehre" nahmen, also für den Lohn nur Vergnügen boten.

Die Abneigung gegen Tafelmusik ist gerade bei "ernsthaften" Musikern sehr verbreitet. So äußerte sich Verdi des öfteren abfällig über musikalische Tischgesellschaften, denen er beiwohnen mußte.

Ein bekannter Musikkritiker speiste in einem Berliner Hotel, in dem die Hauskapelle Schlagermusik aufspielte. "Spielt die Kapelle auch etwas auf Wunsch der Gäste?" fragte der Kritiker den Ober. Selbstverständlich, war die Antwort, was sie denn spielen solle. "Meinetwegen Skat – jedenfalls keine Musik zum Essen!" antwortete der Gast.

Bravo! Da Capo!
Das Festmahl

Applaus ist das Brot des Künstlers. Doch auch der Künstler lebt weder vom Applaus noch vom Brot allein. Ein Bravo – schön und gut. Da Capo! – eine Zugabe mag noch drin sein. Aber so ein langer Theaterabend macht durstig und – hungrig. Wie sagte doch ein Staatsopernmusiker bei einer Premierenfeier zum Dirigenten: "Heute abend haben Sie gehört, was aus einer Klarinette rauskommt; jetzt werden Sie sehen, was in eine Klarinette reingeht!"

Man soll die Feste feiern, wie sie fallen. Auch auf der Bühne hält man sich daran. Ob es eine Party in einem englischen Pfarrgarten ist oder eine Geburtstagsfeier auf einem hochalpinen Dorfplatz, ob der Pharao persönlich in seinen Palast am Nilufer einlädt oder das Krönungsfest eine Festgesellschaft in der französischen Provinz zu kulinarischen Höchstleistungen antreibt: Ein Grund, gut zu essen, findet sich immer!

*
»Erst das Brot, dann den Kuchen«
BENJAMIN BRITTEN (LORD BRITTEN OF ALDEBURGH): ALBERT HERRING
Komische Oper in drei Akten
Dichtung von Eric Crozier nach der Erzählung "Le Rosier de Madame Husson" von Guy de Maupassant
Uraufführung 1947 durch die English Opera Group in Glyndebourne

Zwischen Halesworth und Saxmundham, zwischen Peasenhall und Westleton liegt Yoxford, ein kleines Marktstädtchen in der Grafschaft East Suffolk. Ist dieses Yoxford das Vorbild für Benjamin Brittens Loxford? Wie auch immer, ob Mendlesham, Framlingham oder Wickham, ob Mellis, Otley oder Carlton Colville das wirkliche Vorbild sind – alles ist hier Loxford: graue Steindörfer, deren Hauswände im Sonnenschein zu einem zarten Rosa erröten; Pfarrkirchen, die Tudor-, Stuart- oder hannoveranische Könige ein- und ausgeläutet haben; Herrenhöfe, in denen man auf Nachricht aus Naseby, Blenheim oder Waterloo wartete... ein Sachsenmärchen aus grauem Stein, Wind und klarem, rieselndem Wasser. (Ich danke John B. Priestley für diese nette Beschreibung ostenglischer Idylle!) Es gibt Automobilisten, die sich auf dem Weg von Ipswich nach Norwich verfahren und auf einmal in Loxford wiederfinden. Natürlich gibt es auch Menschen, die geradewegs und unbeirrbar nach Loxford streben. Und es gibt Menschen, die hier leben: Lady Billows, eine herrische ältere Dame, wahrhaftige Statthalterin ihrer Majestät (die damals noch Victoria hieß); Miss Wordsworth, die Schulvorsteherin; Mr. Gedge, der Pfarrer der Kirche von England. Es leben da aber auch Leute wie Sid, der Metzgerbursche, Nancy, die Bäckerstochter, Mrs. Herring, die verwitwete Besitzerin des Obst- und Gemüseladens, und – last but not least – Albert Herring selbst, ihr Sohn.

Das Leben in den Marktflecken East Suffolks wird vom stets gleichen Ablauf der Jahreszeiten und ihrer Feste bestimmt: Erntedank, das Krippenspiel der Grundschulkinder, Basteln für Mrs. Gedges Osterbasar und: die Wahl der Maikönigin, die alljährlich aus den tugendhaftesten der tugendhaften Jungfrauen Loxfords auserwählt wird. In diesem Jahr aber, 1900 nach dem Willen des Komponisten und Textdichters (die Verrohung der Sitten schreitet voran), war für die gestrenge Lady Billows keine zu erkennen, die es würdig gewesen wäre, die Maienkrone aus Orangenblüten zu tragen und das 20-Pfund-Sterling-Goldstück entgegenzunehmen.

Kurzerhand kürt das Festkomitee erstmals einen Maienkönig – Albert Herring soll es sein, der ein wenig naive Gemüsehändlersjunge, der nicht knobelt, nicht tanzt, nicht trinkt und nicht poussiert, denn seine Mum würde es nicht wollen. Das Komitee bestätigt den Beschluß in einer brillanten Ode im Händelschen Stil: Ein musikalischer Kniff, mit dem Britten immer wieder den dramatischen Stil seiner vorausgegangenen Komponistenkollegen persifliert und komische Distanz zur Handlung schafft. (Überhaupt ist diese Musik voller Späße, voller Zitate, Lautmalereien, immer jedoch auch von höchster Kunstfertigkeit.)

So wird also Albert unter Jubelrufen der im Pfarrgarten versammelten Gemeinde und mit den festlichen Gesängen von Miss Wordsworth Kinderchor zum Maikönig gekürt.

Und dann wird gefeiert, daß sich im Festzelt die Tische unter der Last der Speisen biegen. Wahrscheinlich hat die ganze Gemeinde etwas dazu beigetragen. Nancy jedenfalls kommt gerade noch rechtzeitig mit dem Fleisch (der Vater, wir erinnern uns, ist Bäcker: also wird es ein Braten aus dem Backofen sein). Alles andere ist schon aufgebaut (in der Reihenfolge des Erscheinens): cakes, jellies, custard chocolate dates, fruit salad, trifle, pastries with cream, almond favours, pink blancmange, seedy cake with icing on, treacle tart, sausagey rolls, chicken and ham, cheesey straws, marzipan, beef – um's kurz zu machen: "a mountain of food" ("ein Berg von Speisen").

"Reicht die Platten herum" und "Erst das Brot, dann den Kuchen", "Ich nehm' erst von dem hier" und "Gut sieht der Schinken aus" – so nimmt das Fest seinen Lauf: Benjamin Britten läßt jeden der zehn Sänger im natürlichen Sprechrhythmus seine Zeilen singen und wiederholen, während das Orchester in Takt und Tempo spielt, bis der Vorhang fällt.

So, jetzt sind auch die Kinder mit ihrem Kanon am Ende – lassen Sie uns auch setzen, vielleicht dort drüben zwischen Harry und Emmy, denn jetzt gibt's

WÜRZFLEISCH VOM RIND – *Spiced Beef*
1 kg magere Rinderbrust, 50 g brauner Rohrzucker,
20 g Wacholderbeeren, 1 EL schwarze Pfefferkörner,
1 EL Pimentkörner, 50 g grobes Salz

Das Fleisch waschen, von Häuten befreien und trockentupfen. Den Rohrzucker rundherum in das Fleisch reiben. Das so vorbereitete Fleisch läßt man zwei Tage in einer flachen Schüssel oder einem Topf zugedeckt ruhen.
Die vier Gewürze werden im Mörser fein zerstoßen und vermischt. Täglich reibt man ein wenig von dieser Würzmischung in das Fleisch ein und stellt es danach wieder zugedeckt in den Kühlschrank. Das Fleisch sollte man von Tag zu Tag wenden.
Das macht man neun Tage lang, am zehnten wird das Fleisch kalt abgewaschen, um die losen Gewürzrückstände zu entfernen. Mit ¼ l Wasser in einen gut schließenden, schweren Topf geben und im Ofen bei 125° C 3 ½ Stunden schmoren. Das Fleisch soll sich mit einer Gabel einstechen lassen.
Nachdem das Fleisch abgekühlt ist, wird es in Alufolie eingewickelt. Ein Brett darauflegen und mit einem gleichschweren Gewicht (also mindestens 1 kg) beschweren. 12 Stunden im Kühlschrank ziehen lassen, damit sich der Bratensaft im Fleisch verteilt.
In sehr dünne Scheiben schneiden und mit einer Sauce zu dunklem Brot reichen.
Es gehört schon ein wenig Mut dazu, das Fleisch so lange für das Garen vorzubereiten. Aber keine Angst: Richtig gewürzt, hält es tatsächlich insgesamt zwölf Tage lang durch. Dazu paßt sehr gut

MEERRETTICHSAUCE – *Horseradish Sauce*

¼ Tasse Meerrettich aus dem Glas oder der Tube, 1 El Weißweinessig,
¼ TL Senfpulver,
1 EL Zucker, Salz, Pfeffer, ⅛ l süße Sahne

Alles (bis auf die Sahne) gut vermischen. Die Sahne steif schlagen, die Merrettichmischung darunterheben und vorsichtig, gründlich vermischen. Noch einmal abschmecken.

TRIFLE

Für 6 bis 8 Personen

FÜR DIE VANILLESAUCE:
¾ l Milch, 4 TL Stärkemehl, 30 g Zucker, 2 Eigelb, 2 Vanillestangen

FÜR DEN KUCHEN:
100 g Butter, 65 g Zucker, 2 Eier, 125 g Mehl,
1 gestrichener TL Backpulver

FÜR DEN PUDDING:
4 EL Himbeermarmelade, 125 g gestiftelte Mandeln,
¼ l Sherry, ¼ Tasse Weinbrand,
500 g süße Sahne, 30 g sehr feiner Zucker,
2 Tassen frische Himbeeren

1/2 Tasse Milch und das Stärkemehl in einem großen Topf mit dem Schneebesen aufschlagen, bis sich das Mehl aufgelöst hat. Dann die restliche Milch und den Zucker dazugeben und unter ständigem Rühren kochen, bis die Milch wallt. Die Eigelb verschlagen und ein wenig von der heißen Flüssigkeit darunterrühren. Dann alles in die heiße Milch geben, unterrühren und eine Minute kochen.
Die Sauce vom Feuer nehmen. Die Vanillestangen aufritzen, ihr Mark auskratzen und mit den Stangen in die Sauce geben. Zugedeckt eine Viertelstunde ziehen lassen. Danach die Vanillestangen herausnehmen, Sauce abkühlen lassen und in den Kühlschrank stellen.
Für den Kuchen die Butter mit dem Zucker schaumig rühren. Die Eier nacheinander hineinrühren, bis die Masse cremig ist. Das mit dem

Backpulver gesiebte Mehl nach und nach darunterrühren. Den Teig in eine kleine, mit Backpapier ausgelegte Kastenform geben und im vorgeheizten Ofen bei 175°C 50 bis 60 Minuten backen.

Diesen Rührkuchen in dicke Scheiben schneiden und mit der Himbeermarmelade bestreichen. Eine kleine Auflaufform mit einigen Scheiben auslegen. Den restlichen Kuchen in Würfel schneiden und darüber verteilen. Mit der Häfte der Mandelstifte bestreuen. Sherry und Weinbrand darübergießen und mindestens eine halbe Stunde im Warmen durchziehen lassen.

Die Sahne schlagen und, kurz bevor sie fest wird, den Zucker unterschlagen.

Den Kuchen zuerst mit der Vanillesauce und dann mit der Hälfte der Schlagsahne bestreichen. Die restliche Schlagsahne mit einer Spritztülle als Verzierung daraufspritzen. Mit den restlichen Mandelstiften verzieren. Vor dem Auftragen 1 Stunde in den Kühlschrank stellen.

Am schönsten sieht der Trifle aus, wenn man eine gläserne Auflaufform nimmt, so daß man die Schichten sehen kann.

*

Zum Nachtisch wird gejodelt
ALFREDO CATALANI: DIE WALLY
(LA WALLY)
Oper in vier Akten
Dichtung von Luigi Illica nach der Novelle "Die Geier-Wally"
von Wilhelmine von Hillern.
Uraufführung 1892 am Teatro alla Scala, Mailand

Über den Wolken muß die Freiheit wohl grenzenlos sein. So dachten die aufgeklärten Flachländer zum Ende des 18. Jahrhunderts und zogen im Gehrock und mit dem Knotenstock im Frühtau zu Berge. Europas höchster Berg, der Montblanc, wurde schon 1786 bestiegen, doch erst 1842 ließ Gaetano Donizetti seine "Linda di Chamounix" auf dem Montblanc-Gletscher singen. (In rund viereinhalbtausend Metern Höhe der höchstgelegene Schauplatz der Opernliteratur!)

Andere gingen früher in die Höhe: "La Bergère des Alpes" ("Die Schäferin der Alpen") von L. B. Désormays aus dem Jahr 1763 ist wahrscheinlich die erste Oper, die die Alpen im Titel führt. André Grétry und Gioacchino Rossini lieferten einen "Guilleaume Tell" ("Wilhelm Tell") ab, es folgten Joseph Haydns "Die Hochzeit auf der Alm", P. S. von Lindpaintners "Der Bergkönig" und Konradin Kreutzers "Die Alpenhütte", Petrus Jacob Haibel schrieb "Der Tyroler Wastel" und Joseph Weigl komponierte Hochgebirgs-Opern in Serie: "Das Dorf im Gebirge", "Die Schweizer-Familie", "Der Einsiedler auf den Alpen" und "Der Bergsturz".

Erst ab 1865 aber ging es mit dem Alpinismus richtig los und bis zur Uraufführung von Alfredo Catalanis "La Wally" 1892 waren alle wichtigen Alpengipfel bestiegen und die alpenländische Kultur weithin bekannt und anerkannt, wurde gern adaptiert und imitiert.

Wer einen der drei "Geyer Wally-" Filme gesehen hat (1921 mit Henny Porten als Wally, 1943 mit Heidemarie Hatheyer und 1956 mit Barbara Rütting), der kennt die Geschichte. Filme und Oper gehen auf Wilhelmine von Hillerns gleichnamigen Roman zurück, der 1887 in Fortsetzungen in einer Mailänder Zeitung erschien und Catalani zur Vertonung anregte.

Auf der Alm, da gibt's keine Sünd', aber drunt' im Tal, da bringen die handfesten Interessen der Bauern, das hitzige Blut der Burschen und die unschuldige Liebe der Dirndln zum Falschen (weil aus der falschen Familie, aus dem falschen Tal) tragische Verstrickungen.

Im Roman endet die Liebe der Stromminger Wally zum Hagenbach Giuseppe happy; Catalanis Librettist Luigi Illica erkannte den dramatischen Wert eines tragischen Ausgangs: Die beiden Liebenden haben sich gefunden und beschließen, gemeinsam ein neues Leben zu wagen, da begräbt eine Lawine Giuseppe, und Wally stürzt sich hinterher in die Schneewehen, die beide unter sich begraben.

Trotz des volkstümlichen Stoffes und des authentischen Szenariums im oberen Ötztal am Fuße des Similaun und obwohl sich Catalani intensiv mit den Lebensumständen in Tirol befaßt hat (eine Reise mit dem Kostümbildner ins Ötztal eingeschlossen), so hat die Musik nichts

Folkloristisches. Da wird zwar in Sechszehntel-Triolen mit allerlei Vorhalten und Punktierungen (auf Italienisch) gejodelt, daß es eine Art hat, aber nirgendwo vermag es zu volkstümeln.

Im Gegenteil. Catalani war kein Verist, legte seine Klangbilder flächig an, mit farbiger Harmonik und differenzierter Dynamik. Chorische, rezitative und ariose Partien sind miteinander verschränkt, vom Vorspiel an wird man von einem Klangrausch erfaßt, der gleichsam wie die noch ungebändigte Ötztaler Ache durch den Orchestergraben schäumt.

Schon in der ersten Szene, bei Vater Strommingers 70. Geburtstag, sind alle Charaktere der Handlung versammelt. Man mißt seine Geschicklichkeit beim Scheibenschießen, man sitzt zusammen und trinkt, man tanzt und kehrt wieder zurück zu den reichgedeckten Tischen, die über den Dorfplatz verteilt sind.

ÖTZTALER SCHWEINSSTELZE

Je 1 Schweinshaxe für 1 bis 2 Personen.
Die Angaben beziehen sich auf eine Schweinshaxe und können entsprechend der Gesamtzahl errechnet werden.
1 Schweinshaxe, 1 Zwiebel, 1 Karotte, 1 Stange Lauch,
1 kleines Stück Sellerie, 1 Stück Petersilienwurzel, 1 Knoblauchzehe,
Salz, Pfeffer, Kümmelpulver, Schweineschmalz, 100 g saure Sahne

Die Speckschwarte der Schweinshaxe mit einem scharfen Messer kreuzweise mehrmals einschneiden.

Die Zwiebel, die Sellerie und die Petersilienwurzel grob hacken, die Karotte und die Lauchstange vierteln, die Knoblauchzehe auspressen. Die Haxe mit den Gewürzen und dem Knoblauch einreiben. Ein wenig Schmalz in der Fettpfanne des Backofens erhitzen, die Haxe drauflegen. Zum Anbraten mehrmals wenden. Das Gemüse zu der Haxe geben und alles eine Stunde bei 220° C und eine weitere Stunde bei 175° C garen.

Vor dem Auftragen die Haxe unter dem Grill (oder im Freien auf dem Holzkohlengrill) knusprig braten.

Den Bratensatz in der Fettpfanne mit ein wenig heißem Wasser ablösen, alles mit dem Gemüse durch ein Sieb streichen, mit der sauren Sahne binden und abschmecken. Zur Haxe reichen; dazu gibt es Kümmelkraut und rohe Kartoffelknödel.

*

»Eilt zu Tanz und Festesrauschen«
GEORG FRIEDRICH HÄNDEL: JULIUS CÄSAR (GIULIO CESARE)
Oper in drei Akten
Dichtung von Nicolò Haym nach Francesco Bussani
Uraufführung 1724 am Haymarket Theatre, London

Das Römische Reich bestand "ab urbe condita", der im Wortsinn sagenhaften Staatsgründung 753 vor Christus, bis zur Reichsteilung 395 nach Christus 1148 Jahre. Nur einen Wimpernschlag lang – 16 Jahre nämlich – spielte Gajus Julius Cäsar auf der politischen Bühne mit, und doch gibt es keinen anderen Römer, der noch heute so populär ist und dessen Name man so eng mit der römischen Geschichte verbindet. Er ist wohl auch der einzige, dessen genaues Todesdatum so sehr zur Allgemeinbildung gehört, daß man es sogar in Quizsendungen abfragen kann. (Für die anderen: Es war der 15. März 44 v. Chr.)
Den Cäsar kennt jeder, dafür hat er schon zu Lebzeiten gesorgt. Er schenkte uns mit seinem Namen den Juli, den Kaiser und den Zar, Nachwuchslateinern hinterließ er spannende Lektüre und uns geflügelte Worte für den Alltag ("Die Würfel sind gefallen", "Auch Du, Brutus?" usw.).
Vor allem aber schenkte er uns die schärfste Love-Story der Antike. Denn was ist Cäsar ohne seine Kleopatra? Die Affäre der beiden ist in fast 70 Opern – vornehmlich der Barockzeit – auf irgendeine Art und Weise verarbeitet (und wahrscheinlich in einer gleich großen Zahl von Filmen).
Als die beiden sich zum ersten Mal trafen, im Jahr 48 v. Chr., war der Feldherr 52, die kluge, ehrgeizige, unermeßlich reiche und unbeschreiblich schöne Pharaonin 21 Jahre jung. Es war wohl Liebe auf den

ersten Blick, gefördert durch beiderseitiges Machtinteresse. Cäsar hatte den Bürgerkriegsfeind Pompeius vernichtend geschlagen. Kleopatras Brudergatte Ptolemäus hatte Pompeius ermordet, um die Römer für sich zu gewinnen, aber das Gegenteil erreicht. Das war die Stunde der Kleopatra, die ihren Bruder und Teilhaber an der Macht loszuwerden hoffte, gleichzeitig mit Cäsar als ihrem Liebhaber auf die römische Karte setzte.

An dieser Stelle der Historie setzt Georg Friedrich Händels Oper "Giulio Cesare" ein. Der Meister schrieb das Stück gegen Ende des Jahres 1723 für seine eigene Bühne, das Theater am Haymarket in London. Das war damals so etwas wie die Paramount-Studios des Barock: Liebe, Lust und Leid, Historie und ewige Wahrheiten – ein Hit folgte dem nächsten, der schöpferischste Komponist der Zeit und die besten und teuersten Darsteller machten jede Oper zum Erfolg. Für die Titelrolle seines römisch-ägyptischen Kolportagestücks hatte Händel den legendären Kastraten Senesino verpflichtet, für die Kleopatra die umschwärmte Primadonna Francesca Cuzzoni.

"Festsäle im Palast des Ptolemäus, vorderer Empfangsraum und viele rückwärtige Räume", so sieht laut Händelscher Partitur der Schauplatz der Schlüsselszene aus: Das Fest zu Ehren des römischen Feldherrn hat begonnen, die Gäste delektieren sich an den Psalterklängen, den Schleiertänzerinnen und den nubischen Lustknaben und geben sich den Tafelfreuden hin.

Doch Cäsar kriegt heute Abend keinen der köstlichen Bissen runter. Eine unheimliche Stimmung liegt über der Szene, denn Ptolemäus trägt den Dolch im Gewande, Gajus Julius wäre nicht Cäsar, wenn er das nicht witterte. Die beiden belauern sich und umschleichen sich gleich einem Jäger und seiner Beute – genauso drückt es auch Cäsar in seinem Rezitativ aus: "Da seh ich einen Jägersmann des Wildes Spur beschleichen", heißt es in der deutschen Textfassung von Oscar Hagen. Währenddessen geht es drinnen hoch her, man liegt zu Tisch und freut sich des Lebens. Wenn man den Überlieferungen glauben darf, dann nahm Kleopatra zu solchen Gelegenheiten gern ihr Lieblingsmahl zu sich: in Essig gelöste Perlen, während draußen, im Tal der Könige, die

Sklaven ihre Linsen löffeln mußten (Quelle: Goscinny/Uderzo: Asterix und Kleopatra, Paris, 1965).

Nun ja, der Geschmack der Römer (derer, die es sich leisten konnten) war schon ein wenig exzentrisch: Flamingozungen, Kamelfersen und Geschlechtsorgane verschiedener Tiere gehörten zur feinen Tafel. Bei der Zubereitung bemühten sich die Köche, möglichst wenig vom Eigengeschmack der Speise ahnen zu lassen. Nicht ungewöhnlich war es zum Beispiel, Milchferkel mit Huhn, Innereien, Feigen, Würsten, Muscheln und Gemüsen zu füllen. Zudem wurde das Fleisch meist gekocht und anschließend gebraten, zuweilen dann noch einmal mit verschiedenen Zutaten geschmort.

Beim Festmahl im Hause des Ptolemäus ist wahrscheinlich unter anderem Seeigel, Schildkröte, Schweinevulva und –euter, Hals von gebratenen Enten und Wildschweinschinken auf den Tisch gekommen. Aus einer (in Pompeii aufgefundenen) Aufzeichnung über eine festliche Speisenfolge habe ich drei Gerichte ausgewählt, die auch Cäsar und Kleopatra des 20. Jahrhunderts in ihrer Einbauküche zubereiten können, ohne die Gäste zu vertreiben. Römische Rezepte (diese hier folgen den Kochbüchern des Marcus Gavius Apicius) kennen selten Mengenangaben. Ich habe nach dem System von Versuch und Irrtum anwendbare Maße herausgefunden.

MIESMUSCHELN »PTOLEMÄUS« – *Mituli*

1 kg Miesmuscheln, 1 Flasche Traubensaft, 1 Glas süßen Südwein,
2 Stangen Lauch, 1 TL Kümmelsamen, 1 Stengel Saturei (Bohnenkraut),
1 TL Sardellenpaste

Die Muscheln waschen, den Bart entfernen, offene Muscheln wegwerfen.

Den Traubensaft auf ein Viertel einkochen, abkühlen lassen, den Südwein dazugeben (dieses Gemisch entspricht geschmacklich in etwa dem "passum" des lateinischen Originals). Die Lauchstangen in 1 cm große Stücke schneiden. Das Most-Wein-Gemisch, den Lauch, Kümmel, Bohnenkraut und die Sardellenpaste (als Ersatz für das lateinische "liquamen", einer Würze aus vergorenem Fisch) in einen geräumigen Topf geben, die Muscheln dazu und mit Wasser auffüllen, bis die Muscheln bedeckt sind.

Zum Kochen bringen und 15 Minuten kochen. Muscheln (nur die geöffneten!) auf den Tellern verteilen.

HUHN »FRONTO« – *Pullum Frontianum*
(Dies ist der Originalname bei Apicius; auf wen oder was er sich bezieht, ist ungeklärt.)
1 Poularde, 1 TL Sardellenpaste, 1 TL Olivenöl, 1 TL Dillspitzen
1 Stengel gerebeltes Bohnenkraut,
½ TL Korianderkörner, 1 Bund Schalotten, 1 l Hühnerbrühe,
100 ml Traubenmost, schwarzer Pfeffer

Die Sardellenpaste mit Olivenöl verrühren, die Dillspitzen, das Bohnenkraut und die gestoßenen Korianderkörner daruntermischen. Die Poularde von allen Seiten anbraten, abkühlen lassen, mit der Würzmischung einreiben. Die Schalotten im Bratfett glasig dünsten, mit der Hühnerbrühe auffüllen. Die Poularde in die Brühe legen und 1 Stunde bei milder Hitze kochen.

Den Traubenmost sehr stark einkochen (entspricht etwa dem lateinischen "defritum", einem eingedickten Trauben- oder Feigensaft, der zum Würzen verwendet wurde). Eine Platte damit begießen, frisch gemahlenen schwarzen Pfeffer daraufstreuen und die zerteilte Poularde darauf anrichten.

Dazu einen Salat aus weißem und grünem Spargel reichen.

DATTELN »KLEOPATRA« – *Palmulae Cleopatra*
2 Dutzend große Datteln, 50 g gestiftelte Mandeln,
50 g Pinienkerne, weißer Pfeffer, Honig

Datteln vorsichtig entkernen. Pinienkerne anrösten, mit ihnen und den Mandeln die Datteln füllen. In weißem Pfeffer wälzen. Honig in einem Pfännchen erhitzen, ohne daß er kocht, die Datteln darin glacieren.

Dieses Festmahl hat Cäsar ja nun versäumt. Doch das hat er, wie man so sagt, überlebt – allerdings nur vier Jahre. Kleopatra hingegen lebte nach Cäsars Ermordung noch 14 Jahre lang, bis sie und ihr Reich im Kampf um einen Platz in der Weltgeschichte am Ende waren. Die Legende erzählt von Giftschlangen, die sie an ihren schönen Busen drückte und die die letzte Pharaonin ins Reich des Anubis beförderten. Sie hinterließ drei Kinder – eines von Cäsar, zwei von dessen Nachfolger Marcus Antonius.

Das Rezept des Meisters
Essen und Oper – wenn es einen Menschen gibt, der diese glückliche Verbindung zwischen leiblichen und geistigen Genüssen zu personifizieren vermag, dann Gioacchino Rossini. Wer keine einzige Note des "Schwans von Pesaro" kennt, der kennt zumindest seine "Tournedos Rossini", wer nichts von seiner Musikfabrik weiß, von seinen stilistischen Manierismen, seiner dennoch zündenden Melodik und von der Tiefe und Originalität seiner geistlichen Spätwerke, der bewundert den Bonvivant, der dem Theatermogul Barbaja die Geliebte ausspannte, sie heiratete und nach dem Erfolg seines "Guilleaume Tell" (1829) die zweite Hälfte seines 78 Jahre währenden Lebens fern der Opernbühne auf seinem Landsitz in der Nähe von Paris verbrachte.
Daß er von da an keine Musik mehr, sondern nur noch erlesene Speisen komponiert habe, ist eine vielfach kolportierte Legende, die aber zu schön ist, um wahr zu sein. (Die aber auch zu schön ist, um nicht immer wieder erzählt zu werden.) Tatsächlich komponierte er nichts mehr für die Opernbühne, dafür sehr vieles für Konzertsaal und Kirche. Als Rossini auf dem Sterbebett lag und ihn der Abbé fragte, ob er denn an die segensreiche Kraft der Sakramente glaube, soll der Meister geantwortet haben: "Hätte ich sonst so schöne Messen schreiben können?"
Wenn er nicht an die segensreiche Kraft guten Essens geglaubt hätte, dann hätte er gewiß nicht so schöne Speisen kreiert.
Zu den unbestritten bekanntesten Schöpfungen des Meisters gehören – gleich nach dem "Barbier von Sevilla" – die

TOURNEDOS ROSSINI

FÜR DIE SAUCE:

60 g Butter, 100 g Champignons, 1 Glas Madeira,
2 gestrichene EL saure Sahne, 1/5 l Bratensauce, 1 schwarzer Trüffel

FÜR DIE TOURNEDOS:

4 Tournedos (das sind 3,5 bis 5 cm dicke Lendenschnitten), Speiseöl,
4 Streifen geräucherter Speck (Dörrfleisch),
Pfeffer, Butter, 4 Scheiben Toastbrot, 4 Scheiben Gänseleber,
1 schwarzer Trüffel, in vier Scheiben geschnitten

In einem kleinen Topf 60 g Butter zerlassen, blättrig geschnittene Champignons darin anschwitzen. Mit der Hälfte des Madeiras und einem EL Sahne ablöschen, etwa 3 Minuten kochen lassen. Die Bratensauce und den restlichen Madeira unterrühren. Die feingehackten Trüffel zugeben. Erhitzen, einen weiteren EL Sahne zugeben und warmstellen.

Die Tournedos mit einem EL Öl bestreichen und jeweils einen Speckstreifen mit weißem Zwirn darumwickeln. Pfeffern. In einer Pfanne zu gleichen Teilen Butter und Öl sehr heiß werden lassen. Die Tournedos darin eine halbe Minute auf jeder Seite scharf anbraten, dann salzen. Die Hitze reduzieren und das Fleisch weitere 2 bis 3 Minuten braten, dabei öfter wenden. Die Speckstreifen (und Zwirn) entfernen. Die Tournedos in der Pfanne aufstellen und bewegen, damit auch die Seiten anbraten.

Die Toastbrotscheiben rundschneiden, in 1 EL Butter rösten, auf einer vorgewärmten Platte anrichten. Die gerösteten Toastscheiben mit einem EL Sauce überziehen, die Fleischstücke daraufsetzen, jedes mit einer Scheibe Gänseleber und Trüffel garnieren. Den Rest der Sauce über die angerichteten Tournedos geben.

*
»Richte uns ein Festmahl im Garten«
GIOACCHINO ROSSINI: DIE REISE NACH REIMS
(IL VIAGGIO A REIMS OSSIA L'ALBERGO DEL GIGLIO D'ORO)
Dichtung von Luigi Balocchi nach Motiven aus Germaine de Staëls Roman "Corinne ou l'Italie"
Uraufführung 1825 am Théâtre Italien, Paris

Nichts reizt die Phantasie des Menschen mehr als das Halbverschleierte, das im Halbdunkel liegende, aus dem nur da und dort ein Wiederschein vom Aufblitzen der Erkenntnis das Dunkel erhellt, um gleich wieder zu verlöschen. Eine Oper, die es nicht gibt und deren Motiv eine Reise ist, die nicht stattfindet: Fast 150 Jahre lang wußte man von "Il viaggio a Reims" ("Die Reise nach Reims"), man wußte auch, daß Gioacchino Rossini einen Teil des musikalischen Materials in "Le Comte Ory" ("Graf Ory") eingebracht hatte. Doch welche Teile; wo war der Rest; und welche Geschichte erzählte die Oper?
1970 endlich fand man in der Bibliothek des Pariser Konservatoriums einen Großteil des originalen Aufführungsmaterials, das dort mit anderen Beständen, die 90 Jahre zuvor vom Théâtre Italien aufgekauft worden waren, unkatalogisiert herumlag. Ein anderer Teil wurde in den Archiven des Conservatorio di Santa Cecilia in Rom entdeckt, teilweise sogar Handschriften des Komponisten. Ein kleiner Rest blieb verschollen. Doch in der Österreichischen Nationalbibliothek stieß man auf Stimmen eines Werkes mit dem Titel "Il viaggio a Vienna" – offensichtlich eine nicht autorisierte Bearbeitung der Oper.
Jetzt fehlten (und fehlen bis heute) nur noch Chorsätze und Teile von zwei Rezitativen.
Was da aus dem Dunkel der Archive wieder ans Licht der Opernbühne kam (1984 in Pesaro unter Claudio Abbado und 1988 an der Wiener Staatsoper – die bisher einzigen Wiederaufführungen des Werkes), ist auf jeden Fall diejenige unter den Opern Gioacchino Rossinis, in der er Realität und Illusion auf originellste Art und mit größter Kunstfertigkeit verbunden hat.

Rossini hatte 1823 Italien verlassen, um sich in Paris und London nach Arbeitsmöglichkeiten umzusehen. Er war auf der Höhe seines Ruhms, scheffelte während seines Londoner Aufenthalts rund 350.000 DM nach heutigem Wert, und schloß noch vor seiner Abreise aus England mit dem französischen Königshof einen Vertrag für eine Tätigkeit in Paris. Bis er dort eintraf, war Ludwig XVIII. allerdings gestorben, die Krönung seines Nachfolgers, Karls X., stand bevor – eine günstige Gelegenheit, die Intriganten in der Pariser Musikszene zu entwaffnen und gute Stimmung bei Hof zu machen. Rossini nahm all seine Fähigkeiten als diplomatischer Taktierer und einfallsreicher Bühnenkomponist zusammen. Heraus kam die "Reise nach Reims".

Rossini und seinen Textdichtern gelang es, die Realität des Tages mit der Illusion der Bühne zu verbinden und ein Loblied auf das französische Königtum mit der Karikatur der feinen Gesellschaft zu vereinen. Die Oper spielt am Tag der Krönung Karls X., also am 28. Mai 1825. In Plombières, dem damaligen Sommerkurort des Hofes, beschließt eine Gesellschaft aus aller Herren Länder, noch am gleichen Tag nach Reims zu fahren, um den Krönungsfeierlichkeiten beizuwohnen. Die Reisevorbereitungen erhitzen die Gemüter, bis ein Bote mitteilt, daß in der ganzen Umgebung keine Pferde aufzutreiben seien. Man ist bestürzt, doch Madame Cortese lädt alle in ihr Pariser Haus ein, um die Rückkehr des Königs zu erleben; Paris kann man am nächsten Tag mit der Postkutsche erreichen. Mit einem großen Festmahl und einer Hymne auf den "stolzen Herrscher" beenden die verhinderten Reisenden den großen Tag.

Rossini konnte des Beifalls des Hofes sicher sein: Die Eloge auf die Krone, der geniale Einfall, den Anlaß zum Thema zu machen, die Verwendung von Nationalhymnen der auf der Bühne vertretenen Völker, ein wenig Liebe, ein wenig Posse, dazu die besten Instrumentalisten, die es in Paris gab, und das Sängeraufgebot von 14 Haupt- und acht Nebenpartien – ein wahrhaft königliches Werk, auch wenn, bei Licht besehen, die Handlung im wahrsten Sinne des Wortes auf der Stelle tritt.

Zwar soll der frischgekrönte Monarch bei der geschlossenen Uraufführung am 19. Juni 1825 entspannt geschlummert haben, die öffentlichen Vorstellungen in den darauffolgenden Wochen waren aber ein Erfolg für den – nunmehr – Pariser Komponisten. Nach der vierten Aufführung zog Rossini allerdings die Partitur zurück und plünderte das Werk für seinen "Comte Ory" und andere Aufträge.

In der "Reise nach Reims" läßt der Gourmet Rossini endlich einmal auch seine Bühnengestalten nach Herzenslust speisen. "Mein Werter! ruft nun der ungeduldige Leser, wie soll denn nun im Jahre des Heils 1825 das Mahl aussehen, das alles vereint, was die Tafelrunde erhöht?" So läßt der Gastrosoph Brillat-Savarin den potentiellen Leser zum Ende seiner "Physiologie des Geschmacks" fragen. "Du sollst die Zahl zwölf nicht überschreiten, damit die Konversation stets allgemein bleiben kann. Du sollst die Gäste so auswählen, daß ihr Beruf verschieden, ihr Geschmack aber ähnlich sei und Berührungspunkte genug sie verbinden, um die unleidliche Vorstellerei zu vermeiden." Soweit hat sich die erlauchte Tischgesellschaft im Gasthof zur "Goldenen Lilie" an die Empfehlungen des Zeitgenossen gehalten.

Dann wird sie, so denke ich, es auch bei der Speisenfolge getan haben, die Brillat-Savarin empfiehlt (und es ist anzunehmen, daß der Feinschmecker Rossini, zumal nun Pariser, Brillat-Savarin kannte und würdigte):

"Ein siebenpfündiger Kapaun, gefüllt mit Trüffeln
von Périgord bis zur völligen Kugelgestalt;
eine ungeheure Straßburger Gänseleberpastete,
wie die Vision eines Festungsturmes;
ein großer Rheinkarpfen à la Chambord, schön und reich serviert;
getrüffelte Wachteln mit Ochsenmark, auf Toast aux basilic;
ein gespickter Flußhecht, farciert, in Krebssauce
nach allen Regeln der Kunst;
ein Fasan auf seiner Höhe, als Toupet gespickt,
auf einer Bratröste serviert à la Sainte-Alliance;
hundert Spargel von 5 Zentimetern Durchmesser,
Primeurs, in Fleischbrühensauce;
eine Pyramide mit Vanille gefüllter Baisers."

Hier feiern die "Schaugerichte" der Renaissance fröhliche Urstände, wo

Pasteten zu Schloßanlagen und Bratvögel zu Gardesoldaten modelliert wurden. Unsere Auswahl aus all dem ist schlichter, doch nicht weniger delikat.

GETRÜFFELTE WACHTELN MIT OCHSENMARK

100 g Wildfleisch, 100 g Geflügelleber, 50 g fetter Speck,
Butter, 1 Eigelb, 25 ml Cognac, Salz, Pfeffer,
Thymian, 4 Wachteln,
Madeira, 1/5 l Kalbsjus, 200 g Reis, ½ l Fleischbrühe,
40 g schwarze Trüffel, 4 Scheiben Ochsenmark

Das Wildfleisch und die Geflügelleber in Würfel schneiden. Den Speck ebenfalls würfeln, in Butter auslassen. Aus der Pfanne nehmen und die Fleisch- und Leberwürfel in das Fett geben. Ganz leicht Farbe annehmen lassen.

Herausheben und abtropfen, im Mixer pürieren. Das Eigelb und den Cognac darunterziehen, mit Salz, Pfeffer und Thymian würzen.

Die Wachteln vom Rücken aus entbeinen (oder vom Geflügelhändler entbeinen lassen), mit der Farce füllen und zubinden. Mit Pfeffer bestreuen.

In einen flachen Topf setzen, mit zerlassener Butter begießen und bei höchster Hitze etwa 20 Minuten im Ofen braten.

Herausnehmen, die Wachteln warm stellen. Die Butter abgießen, den Bratsatz mit wenig Madeira ablöschen und mit Kalbsjus aufgießen. Aufkochen und durchrühren.

Nebenbei Butter in einer Pfanne erhitzen, den Reis einstreuen, mit einem Holzlöffel umrühren, bis der Reis glasig wird. Mit Fleischbrühe auffüllen, so daß der Reis knapp bedeckt ist, und bei mittlerer Hitze quellen lassen. Kurz vor Ende der Garzeit den gehackten Trüffel darüberstreuen.

Portionsweise den Reis anrichten, je eine Wachtel darauflegen (den Faden, mit dem sie zugebunden war, vorher entfernen), eine Scheibe Ochsenmark daraufsetzen und mit der Sauce benetzen.

GESPICKTER FLUSSHECHT IN KREBSSAUCE

1 Hecht, 100 g fetter Speck,
Salz, Pfeffer, Mehl, Muskat, 100 gr Dörrfleisch, Butter

FÜR DIE SAUCE:

60 g Butter, 75 g Mehl, ¾ l Milch, 1 Zwiebel, Salz, einige Pfefferkörner,
Thymian, Muskat, 50 g Krebsbutter, einige Krebsschwänze

Für die Sauce die Butter erhitzen, bis der Wasseranteil verdampft und die Butter klar ist. Das Mehl einrühren und mit einem Holzspachtel gut mit der Butter vermischen, dabei langsam erhitzen. Wenn Mehl und Butter völlig vermischt sind, zur Seite stellen und abkühlen lassen. Die Milch erhitzen und ein wenig davon auf die Einbrenne geben, dabei mit einem Schneebesen gut durchschlagen, bis eine glatte Masse entstanden ist. Jetzt die restliche Flüssigkeit unter ständigem Rühren einfließen lassen.

Die feingehackte Zwiebel mit einer Prise Salz, einigen zerdrückten Pfefferkörnern, Thymian und einer Prise Muskat andünsten. Die Sauce darübergießen und 1 Stunde köcheln.

Inzwischen den küchenfertig vorbereiteten Hecht mit dem in Streifen geschnittenen fetten Speck spicken. Salzen und pfeffern. Ein wenig frisch geriebenen Muskat mit einigen EL Mehl vermischen und den Fisch ringsum damit einreiben.

Das Dörrfleisch würfeln, im Topf verteilen und den Hecht daraufsetzen. Im auf 200° C vorgeheizten Ofen 20–30 Minuten braten, dabei immer wieder mit Butter begießen.

Den Hecht herausnehmen und warm stellen.

Die Sauce durch ein Sieb abgießen. Die Krebsbutter einrühren und die Krebsschwänze darin anwärmen.

Den Hecht auf einer Platte anrichten, mit ein wenig Sauce beträufeln, restliche Sauce getrennt reichen.

Den Reis, den ich dazu reiche, habe ich in reichlich Butter glasiert, dann habe ich grüne Spargelspitzen, Karottenscheiben, Abschnitte von dünnen grünen Bohnen, feine Streifen von gelben und roten Paprika und einige Lauchröllchen hineingerührt, schließlich mit Fleischbrühe bedeckt und alles ganz gemächlich garen lassen. Eventuell etwas Brühe nachgießen. Der Reis sollte am Ende noch etwas Biß haben.

GEEISTES VANILLE-BAISER

FÜR DIE BAISERBÖDEN:

4 Eiweiß, 120 g Puderzucker, 120 g Kristallzucker

FÜR DAS PARFAIT:

*160 ml Milch, 1 Vanilleschote, 140 g Zucker, 4 Eigelb,
200 g Schlagsahne*

Für die Baiserböden den Backofen auf 125° C vorheizen.

Die Eiweiß sehr steif schlagen. Beide Zucker durch ein feines Sieb streichen, nach und nach unter den Eischnee heben.

Auf ein Backpapier zwei Kreise von 18 cm Durchmesser zeichnen. Eischnee in einen Spritzbeutel füllen und die Kreise von außen nach innen mit dem Eischnee ausspritzen. (Die Eischneemasse darf nicht zu dick sein; aus dem restlichen Eischnee kleine Tuffs auf das Backblech setzen.) Eine Stunde backen.

Für das Parfait die Vanillestange aufritzen, ihr Mark auskratzen und mit der Stange, der Milch und der Hälfte des Zuckers zum Kochen bringen. Vom Feuer nehmen und zugedeckt 10 Minuten ziehen lassen.

Die Eigelb mit dem restlichen Zucker schaumig schlagen.

Den Milchtopf wieder aufs Feuer setzen. Vanilleschote herausnehmen. Wenn die Milch kocht, ein wenig davon auf den Eischaum gießen und duchrühren, um die Masse anzuwärmen. Den Eischaum in die kochende Milch schütten und bei geringer Hitze eine Weile gut durchrühren.

Die Masse in eine Rührschüssel geben. Mit dem elektrischen Mixer durchschlagen, bis die Masse abgekühlt und zäh tropfend ist (das kann eine viertel Stunde dauern!). Für mindestens eine Stunde in den Kühlschrank stellen.

Die ebenfalls gekühlte Sahne aufschlagen und dann mit einem Spachtel nach und nach unter die Vanillemasse ziehen.

Einen Kuchenring von 20 cm Durchmesser auf eine ebene Porzellan- oder Glasplatte stellen. Einen Baiserboden hineinlegen und eine halbe

Stunde in das Eisfach stellen. Herausnehmen, die Parfaitmasse auf dem Boden verteilen und den zweiten Boden daraufsetzen. 3 Stunden in der Tiefkühltruhe frosten.
Vor dem Stürzen auch die Servierplatte im Kühlschrank kühlen.

Eine »rührende« Geschichte der Küchenarbeit
Wenn Sie den Eischnee für die Baiserböden, die Eiercreme oder die Sahne mit Ihrem Mixer steifschlagen, dann denken Sie einen Augenblick an das Küchenpersonal im "Albergo del Giglio d'Oro" zu Plombière. Eine der zeitaufwendigsten Arbeiten in der alten Küche war nämlich das Rühren. Suppen, Saucen und Teige mußten ständig gerührt werden: "...laß diesen Teig durch ein eigen Mensch wenigstens eine Stunde lang allzeit auf einer Seiten wohl umrühren...", so heißt es in einem Kochbuch von 1719. Wieviel aufwendiger noch war es, Cremes oder Eischnee steif zu schlagen!
Der Rührlöffel war daher das Hauptkochutensil und quasi eine künstliche Extremität, ja, der hölzerne Kochlöffel war nachgerade ein Statussymbol sowohl der Hausfrau als auch des Kochs. Wegen der großen Hitze des offenen Feuers hatten die Löffelstiele oft eine Länge von einem halben Meter oder gar mehr: wahrhaft eindrucksvolle Küchenzepter!
Aus dem Kochlöffel entwickelte sich der Rührlöffel mit einem Loch, so daß sich Teige und Breie leichter durchrühren ließen, und schließlich der Quirl (Spredle oder Faikl). Solche Quirle waren oft naturgewachsene Hölzchen mit gestutzten Zweigen am unteren Ende. Später hat man an einen Rundstab unten ringsum kräftige Späne eingesteckt. Diese ersten Schneebesen wurden zwischen den beiden Handflächen hin- und hergerollt. Erst in der zweiten Hälfte des 18. Jahrhunderts kamen Quirle und Schneebesen mit Drahtspiralen auf, die später mit einem mechanischen Rührwerk versehen wurden.
Die Mehrzahl der Speisen, die auf der Opernbühne aufgetragen werden, wurden in Küchen der vormechanischen Zeit zubereitet. Wieviel Personal mag wie viele Stunden an einem solchen Diner wie in "Die Reise nach Reims" oder "Manon" gearbeitet haben?

*
»Was soll es sein? Von der Brust, vom Bein?«
PAUL HINDEMITH: DAS LANGE WEIHNACHTSMAHL
Dichtung vom Komponisten nach Thornton Wilders Schauspiel "The long Christmas Dinner"
Uraufführung 1961 am Nationaltheater, Mannheim

Es gibt Musiktheater, das nimmt den Zuschauer mit zu den entlegensten Weltgegenden. Georg Händels "Julius Cäsar" etwa führt uns nach Ägypten, Gaetano Donizettis "Lucia di Lammermoor" nach Schottland, W.A. Mozarts "Entführung aus dem Serail" in die Türkei. Viele Komponisten lassen ihr Bühnenpersonal über den Globus reisen, als gäbe es Kilometergeld. So spielt Carl Maria von Webers "Oberon" in Frankreich, Bagdad und Tunis sowie im "Feenreich". Der Komponist mit dem größten Fernweh aber war Puccini: "Madame Butterfly" spielt in Nagasaki, "Das Mädchen aus dem Goldenen Westen" in einem Goldgräberlager am Fuß der Cloudy Mountains in Kalifornien, "Turandot" in Peking und "Manon Lescaut" in Amiens, Paris, Le Havre und New Orleans. Da geht es durch die Kontinente, daß es dem Publikum schwindlig wird auf dem Klapp-Fauteuille. Doch: Welche Aussichten für die Opern-Speisekarte!

Neben diesen Reiseopern gibt es freilich auch ausgesprochene Kammeropern, die ihr dramma per musica auf wenigen Quadratmetern abspielen. Und es gibt sogar eine, sagen wir: Eßtischoper, bei der sich kaum einer der Darsteller vom Stuhl zu erheben braucht. Der Vorhang geht auf, es wird diniert, der Vorhang geht nieder, man ißt noch immer. Zwar sind inzwischen 90 Jahre vergangen, und diejenigen, die während der ersten Takte die Gabel ins Maronenpüree senkten, sind nicht diejenigen, die mit den letzten Takten die Gabel zum Mund führen. Wer die Bühne verlassen hat, kommt als Enkel wieder, und manch einer hat den Löffel für immer zur Seite gelegt.

Die Oper heißt denn auch so, wie es sich anhört: "Das lange Weihnachtsmahl". Die Vorlage lieferte Thornton Wilder, der große Humanist unter den amerikanischen Dramatikern des 20. Jahrhunderts. Wie in "Unsere kleine Stadt" und "Wir sind noch einmal davongekommen" stellt er auch im "Weihnachtsmahl" einen längeren Zeitraum auf die Bühne, hier die Geschichte der Familie Bayard, deren 90 Weihnachtsmähler mit wechselndem Feiertagswetter, freudigen und traurigen Geschehnissen, Krieg und Frieden, Bescheidenheit und Wohlstand durchlebt werden.

Das nimmt Hindemiths Musik auf, von der Andres Briner, der Hindemith-Forscher, sagte, sie sei eine Musik "ineinandergeschachtelter Zeitsphären". Für die Mehrheit der Musikliebhaber ist der Komponist das Synonym für moderne Musik, und das heißt für die meisten atonal, will sagen: scheußlich. Doch wie bekannte Hindemiths Kollege Paul Dessau: "Hindemith war ein großer Komponist. Man muß ja nicht alle großen Komponisten mögen."

90 Christmas Diners, das heißt freilich auch: 90 Truthähne, die tranchiert werden, 90 mal die Frage: "Brust oder Keule?" Weil das aber die Requisite überfordern würde, schneidet das jeweilige Familienoberhaupt nur heiße Bühnenluft, man ißt mit imaginären Gabeln imaginäre Speisen – das perfekte Gegenteil des Illusionstheaters.

So kommen wir auf den gedachten Mittelpunkt des Interesses der Tischgesellschaft zurück (denn darauf fokussiert sich ja auch unser Interesse). "Nun, was soll es sein, Mutter Bayard? Vom Bein, von der Brust?" Zwei Körperteile, horribile dictu, die man im angelsächsisch puritanischen Amerika noch nie beim Namen nennen durfte. Daher läßt Thornton Wilder seine Mother Bayard im Original zwischen "the light, or the dark?" ("das Helle, das Dunkle"; gemeint ist das Fleisch) wählen.

"Roast Turkey" ist eine amerikanische Institution und im wesentlichen dem Thanksgiving Day und Weihnachten, den beiden traditionellen Familienfesten, vorbehalten. Und eine Familie braucht es schon, um einen 5 Kilogramm schweren Vogel final zu bewältigen. Über seine Zubereitung läßt sich trefflich streiten, vor allem über seine Füllung, das Stuffing, für die es uralte Familienrezepte gibt (und praktische Tiefkühlpackungen). Auf die Gefahr hin, einen Truthahn-Streit vom Zaun zu brechen: Hier mein Rezept für ein langes Weihnachtsmahl.

WILDPUTER MIT FÜLLUNG – *Roast Wild Turkey with Stuffing*

Ein Wildputer (5–6 kg), Salz, Pfeffer, Butter, 1–2 Zwiebeln, 1 Lauchstange, 1 Selleriescheibe, 2 Möhren, 100 g saure Sahne

FÜR DIE FÜLLUNG:

Butter, 5 mittelgr. Zwiebeln, 500 g Wurstbrät oder gem. Hackfleisch, Truthahnleber, 4–5 Scheiben Maisbrot (ersatzweise Weißbrot), 450 g Maronen, Salz, Pfeffer, Thymian, Salbei, 1 Bund Petersilie, 150 g süße Sahne,

Für die Füllung ausreichend Butter in einer Pfanne zerlaufen lassen, die feingehackten Zwiebeln hellbraun schmoren. Mit möglichst wenig Fett in eine große Schüssel geben. Das Wurstbrät oder Hackfleisch in derselben Pfanne hell anbraten, dabei zerkleinern. Ebenfalls mit möglichst wenig Fett in die Schüssel geben (eventuell in einem Sieb abtropfen lassen). Nun auch die Truthahnleber kurz anbraten. In mittelgroße Stücke schneiden.

Die Zwiebeln, das Brät und die Truthahnleber vermischen. Die Maisbrotscheiben leicht antoasten, in kleine Würfel schneiden und unter die Massen mischen. Die gerösteten, geschälten Maronen (oder ganze Maronen aus der Dose) grob hacken und dazugeben. Die Gewürze und die feingehackte Petersilie unterrühren. Die Masse mit der Sahne mischen, bis sie teigig ist. Eventuell nachwürzen.

Den Truthahn innen und außen unter fließendem Wasser waschen und abtrocknen. Innen salzen und pfeffern, mit dem "Stuffing" füllen. Die Hals- und die Steißöffnung zunähen oder mit Bratenspießchen zustecken. Das Geflügel mit zerlassener Butter bestreichen, rundum leicht salzen und pfeffern.

In einer hohen Fettpfanne den Truthahn mit den aufgeschnittenen Zwiebeln umgeben, in den auf 180° C vorgeheizten Ofen schieben. Etwa zwei Stunden braten und dabei immer wieder mit dem austretenden Bratenfett begießen. Nach etwa einer Stunde die aufgeschnittene Lauchstange, die Selleriescheibe und die geviertelten Möhren dazugeben. Der Truthahn ist gar, wenn beim Einstechen klare Flüssigkeit austritt. Warm stellen.

Den Bratensatz in der Fettpfanne lösen, mit der Flüssigkeit abgießen. (Verwenden Sie einen Fettabscheider, dessen Ausguß bis auf den Gefäßboden reicht, so daß das oben schwimmende Fett nicht mit in den Saucentopf gelangt.) Bratensaft eventuell mit Geflügelbrühe verlängern. Mit Sahne andicken, mit Salz und Pfeffer abschmecken.
Die Geflügelteile werden auf der aufgeschnittenen Füllung serviert.
Als Beilage gibt es dazu traditionell Beerenkompott (Logansbeeren, Preiselbeeren, Cranberrys oder ähnliches), Süßkartoffeln und verschiedene Gemüse wie Zwiebel-, Erbsen oder Bohnenpüree.
Süßkartoffeln sind unumgänglich und bei uns wenig bekannt, daher ein Rezept für

BATATEN

Für die Anzahl Personen, die einen Truthahn verzehren,
benötigt man entsprechend
1,5 kg Süßkartoffeln, Butter, Brauner Rohrzucker

Die Kartoffeln waschen und mit der Schale in einem ausreichend großen Topf garkochen. Das dauert je nach Größe mindestens 30 Minuten. Abkühlen lassen, schälen und in nicht zu dünne Scheiben schneiden. In eine Auflaufform schichten, mit Butterflöckchen belegen und mit dem Rohrzucker bestreuen.
Bei 200° C im Ofen backen, bis der Zucker eine goldgelbe Kruste gebildet hat (etwa 15 Minuten).

Truthahnbraten physikalisch

Wie werden Truthähne richtig gegart? Wie lange braucht so ein – zudem gefülltes – Tier? Wie geht man beim Braten vor? Schon 1947 haben H. Carslaw und J. Jaeger die Beziehung zwischen der Kugelgestalt des Tieres und seiner Garzeit untersucht. Einerseits, so die Aufgabe, müssen die Kollagene gelöst werden, andererseits dürfen die Proteine nicht auskochen. Hervé This-Benckhard verweist in diesem Zusammenhang auf eine vortreffliche Faustregel, entwickelt aus dem Fickschen Gesetz:
$t = (M/M_0)^{2/3} t_0$, *wobei t die Garzeit und M die Masse des Vogels ist.*

Daraus ermittelt er, daß bei 180° C ein 5 kg schwerer Truthahn in 2 Stunden und 35 Minuten gar ist.
Ich mag mir allerdings nicht vorstellen, daß die junge Misses Bayard (die jeweils junge Misses Bayard) die Verweildauer ihres Turkeys in der Röhre mit Hilfe des Fickschen Gesetzes ermittelt.

Ausklang

Das Theaterfest ist aus, ein Klangrausch, ein Sinnennebel, eine Wolke anregendster Düfte haben uns auf den Geschmack gebracht, mal wieder von dieser Musik, von jener Speise zu kosten.
Es muß nicht immer "Elektra" sein, nicht immer "Danae" und "Tosca" und "Manon", nicht immer Opfer und Entsagung und Schicksal und Untergang. Auch wenn (und gerade weil) wir alle wissen, daß das Leben (auf der Bühne und in der Realität) nicht nur aus Rebhuhnbrust und Marzipan besteht.
Nun also, im Nachklang aus dem Theater, ein süßes, leises Servus…

*

Ein Tänzchen zum Dessert
RICHARD STRAUSS: SCHLAGOBERS
Heiteres Wiener Ballett in zwei Aufzügen
Nach einer Idee des Komponisten
Uraufführung 1924 in Wien

Wenn es um das Lachen geht, versteht das Publikum keinen Spaß. Große Kunst ist ernste Kunst, große Künstler tragen schwer an ihren tiefen Gedanken, und wenn sie scherzen, dann reicht der Tiefsinn ins Dämonische. Als Richard Strauss sich 1924 entspannte und ein zweiaktiges Ballett aufs Papier warf, ledig all der vielen Fragen und Probleme, denen er sich sonst stets und mit Akribie stellte, da zuckte das

Publikum bloß mit den Schultern und die Kritiker packten das Werkchen mit spitzen Fingern und zerrissen es.

Alle Welt erging sich in Strauss-Wochen, benannte Straßen und Plätze nach dem Meister, der sich anschickte, das sechste Lebensjahrzehnt zu vollenden. Und dann so etwas.

Einen Jux wollt' er sich machen, ein Geschenk zur Vorfeier seines Jubelfestes. Wenn ein Ballett einmal keinen Namen aus der griechischen Sagen- und Dramenwelt trägt, sondern "Schlagobers" heißt (hochdeutsch: Schlagsahne, kulinarisch: Crème Chantilly), so weiß man doch, was man zu erwarten hat. Strauss verwöhnte sich und sein Publikum zwei Akte lang mit netten Bildern und Wiener Walzern, mit Ländlern, Menuett, Galopp und anderen Tänzen, geschrieben und komponiert für die Füße und nicht für den Kopf (wie Walter Deppisch urteilte). Auftreten ließ er: Prinzessin Pralinee und Prinzessin Teeblüte, Prinz Kaffee und Prinz Kakao, den leidenschaftlichen Don Zuckero, Mademoiselle Marianne Chartreuse und Ladislaw Slivovitz. Die ganze Wiener Feinbäckerei tritt als Corps de ballet an: der Chor der Marzipane, Lebkuchen und Zwetschgenmänner, die Gugelhupfe, Weihnachtsstollen, Schillerlocken, Schmalznudeln und Kaffeestriezeln; und natürlich: jede Menge Sahnehäubchen, sprich Schlagobers. Ort der Handlung ist natürlich eine Wiener Konditorei, in der die Kabale und Liebe, also die Tortenschlacht ihren heiteren Verlauf nimmt – alles das findet jedoch nur im fieberwirren Kopf eines kleinen Wiener Jungen statt.

Wir legen ihm kühle Wadenwickel an, und wenn es ihm gleich wieder besser geht, gibt's ein Betthupferl. Wir gönnen ihm und uns

SCHMALZNUDELN
Für etwa 20 Stück
250 g Mehl, 15 g Hefe, 125 ml lauwarme Milch, Salz, 50 g Zucker,
50 g Butter, 1 Ei , Zitrone, Salz, 50 g Rosinen, 1 kg Butterschmalz,
Puderzucker

Das Mehl in eine Schüssel sieben, in die Mitte eine Mulde drücken, die Hefe mit etwas Zucker und 5 EL von der lauwarmen Milch in diese Mulde geben. Ein wenig Mehl darüberstäuben, die Schüssel zudecken und den Teig an einem warmen Ort 20 Minuten gehen lassen.

Danach die restliche (immer noch lauwarme!) Milch, den Zucker, die Butter, das Ei, die abgeriebene Schale von einer halben Zitrone und eine Prise Salz mit dem Mehl verkneten, zum Schluß die Rosinen darunterkneten. Der Teig muß geschmeidig sein und sich vom Schüsselboden lösen.

Die Schüssel wieder zudecken und noch einmal 10 Minuten gehen lassen, damit der Teig noch ein wenig aufgeht.

Den Teig nochmals durchkneten, in einen Spritzbeutel oder eine Teigspritze füllen (eine große Tülle aufsetzen) und auf Backpapier etwa 5 cm lange Teigröllchen spritzen. Noch einmal zugedeckt 15 Minuten an einem warmen Ort gehen lassen.

Butterschmalz in der Fritteuse oder einem hohen Topf erhitzen. Die Teigröllchen vorsichtig hineingleiten lassen und goldbraun ausbacken. Mit dem Schaumlöffel herausheben und auf Küchenpapier abtropfen lassen. Noch heiß mit Puderzucker bestreuen.

"Sehet, welch unersättlicher Ausdruck auf seinem Gesicht ist,
weil er sich gefüllt hat, weil er nicht beendet hat:
ein Mann ohne Furcht!"
AUFSTIEG UND FALL DER STADT MAHAGONNY

"La comedia è finita."
I PAGLIACCI

Ein Fest für alle Sinne
Über die musikalischen und kulinarischen Künste

Musik erreicht ihre ästhetische Wirkung erst im Augenblick ihres Konsums. Ist der letzte Ton verklungen, bleibt von ihr nur ein Nachhall in der Erinnerung.
Ebenso erreicht die Kochkunst ihre ästhetische Wirkung erst im Augenblick des Verzehrs. Ist der letzte Bissen verschlungen, bleibt von ihm nur ein Nachgeschmack auf der Zunge. Die Herrichtung von Noten und die Zubereitung einer Speise sind beide ganz und gar und von Beginn an darauf gerichtet, à point zu wirken.
So wie ein Notenblatt dem Uneingeweihten keine ästhetische Befriedigung verschafft, so kann aus dem Rezeptblatt der Hungernde keine Sättigung, der Schwelgende keinen Genuß erfahren.

*

Bei aller Ähnlichkeit der Rezeption, so ist doch die Tonkunst die unkörperlichste, die Kochkunst die körperlichste aller Künste, deren Objekte am weitestgehenden internalisiert werden. Die Tonkunst kann *der vollständigste aller Naturwiderscheine werden durch die Ungebundenheit ihrer Unmaterialität* [1]. Die Kochkunst dagegen handelt ausschließlich von ihren Materialien, deren Verwandlung und Wirkung auf den menschlichen Körper. Sie ist nicht – wie die bildende und die darstellende Kunst, wie die Musik – auf ein oder zwei Sinne bezogen; vielmehr spricht sie den Augensinn wie den Tastsinn, den Geruchssinn wie den Geschmackssinn, schließlich das körperliche Befinden insgesamt an.

Denn während alle anderen Künste auf den Geist einwirken und die Seele berühren, so ist an der Rezeption von Objekten der Kochkunst das Körperliche ganz wesentlich beteiligt. Gemälde und Skulpturen gelangen durch unsere Augen in unsere Wahrnehmung, Musik und Literatur durch unsere Ohren, alle vier, ohne daß sich Augen oder Ohren organisch veränderten. Haben wir jedoch Werke der Kochkunst genossen, so gehen in unserem Körper Veränderungen vor, noch während wir uns mit Anblick, Geruch und Geschmack auseinandersetzen, während wir versuchen, das Geheimnis der sinnlichen Wirkung aufzuspüren, während wir die Wirkung auf unser Gemüt lustvoll oder degoutierend empfinden, während wir also nichts anderes tun, als wenn wir den kontrapunktischen Entwicklungen einer vielstimmigen Fuge folgen und ihre mathematische Ästhetik erfassen, oder wenn die melodischen Wendungen einer tragischen Arie an unser Innerstes rührt, das ergriffen seufzt. Währenddessen nun haben wir das Kunstobjekt aus Topf oder Pfanne schon bei der ersten Berührung mit den Papillen unserer Zunge eingespeichelt und auf den Weg der Verdauung geschickt. Wir bemühen unseren Intellekt und tränken unserer Seele mit Bratensoße, doch unvermeidlich wird der Kunstgenuß zum körperlichen Akt: Die Kaumuskeln mahlen, die Speicheldrüsen stoßen Ptyalin und Mucine aus, die Muskeln der Speiseröhre kontrahieren und befördern die Speisebrocken zum Magenmund und so weiter, und so weiter.

Der Kunstgenuß strömt dem Höhepunkt zu. Der Körper aber, der unweigerlich an dem Geschehen Anteil nimmt, hat bald den Grad der Sättigung überschritten und äußert sich mit zunehmendem Unwohlsein.

Ist die Forderung, man solle *beim Verlassen des Tisches noch ein bißchen Hunger haben* [2], nicht so menschenfremd wie diejenige, man solle nach Verlassen des Bettes noch ein wenig Lust verspüren? Nach einem Abend "Don Giovanni" noch ein wenig Lust auf "Titus"? Bleibt nach "Tristan" Raum für Sehnsucht nach "Isolde"?

Andererseits: Gibt es ein Zuviel an Ouvertüren? Schadet ein Übermaß an Belcanto? Ist nach der Festival-Saison eine musikalische Diät angezeigt? (Wo beginnt das Zuviel an Ariettas und Secco-Rezitativen? Und wie sähe eine symphonische Diät aus?)
Somit wäre die Kochkunst die einzige Kunst, deren Genuß immer auch eine Beschädigung des Rezipienten in sich birgt (auch wenn man von Sondereinflüssen wie verdorbenen oder vergifteten Lebensmitteln absieht). Sie ist die einzige Kunst, die leidenschaftliche Hingabe an ihre Objekte mit körperlicher Versehrtheit straft.

*

Die Ästhetik der Bühnenkünste leitet sich vollständig aus der Härte der Stuhlsitze ab.⁽³⁾ Die Ästhetik des Essens beruht auf der Schärfe der Messer. Beides erfüllt sich nur unter der Voraussetzung, daß die Konvention geachtet wird. Die Konvention aber ist ein Kriterium des Ästhetischen. Der Besucher des Staatstheaters, in dem ein musikalisches Drama nach allen Regeln der Kunst gegeben wird, kann seine Genußfähigkeit durchaus dadurch beeinträchtigt sehen, daß sein Nachbar zur Linken sich des drückenden Schuhwerks entledigt hat und die Dacapo-Teile der weniger populären Arien mit dem deutlich vernehmbaren Verzehr mitgebrachter Speisen überbrückt. Im gleichen Maß kann der Tischgast sich im Genuß einer vortrefflich geratenen Speise beeinträchtigt sehen, wenn er gewahr wird, daß sein Gegenüber die schwer handhabbaren Stücke seines Tellers mit den bloßen Fingern zum Mund führt, um sie anschließend unter der Anteilnahme der Umsitzenden offenen Mundes zu drehen und zu wenden und schließlich zu zerkleinern. Dennoch ist es nicht auszuschließen, daß der anstößige Theaterbesucher wie der unflätige Tischgast das Dargebotene in gleichem (oder vielleicht sogar weitaus höherem) Maße goutieren als ihre Nachbarn. Freilich: *Das Ästhetische und das Vergnügliche werden sich nie ganz decken; der Verbraucher aber, rechtens, verbraucht allein das Vergnügliche und empfindet das Ästhetische, wo es eigenen Platz beansprucht, als Ballast.*⁽³⁾ Gleichwohl kann uns ein überstandener "Tristan" die Befriedigung verschaffen, in höherem Vermögen angesprochen worden zu sein, und trotzdem genossen zu haben. So wie uns ein überstandenes Menü auch aus dem kunstfertigen Gebrauch des vielfältigen Tischgedecks zu befriedigen vermag.

*

Was trägt unser Intellekt zum Genuß bei? Kann man eine Oper genießen als bloßes Schauspiel mit Musik? Muß man nicht etwas wissen über den Komponisten, seine Lebensumstände, seine Zeitgenossenschaft, die sozio-kulturellen Bedingungen seines Schaffens, seine Theorien hinsichtlich Drama, Bühne und Musik, über die Interpretations- und Rezeptionsgeschichte seines Werkes; weiter über die Instrumente des Orchesters, ihre Handhabung, die Stimmen und die Verfertigung der Töne beim Singen, die Rollenfächer, den Gestus, Tempi und Dynamik; und was noch vieles mehr zu wissen wäre?

Kann man ein Menü genießen als bloße Mahlzeit? Muß man etwas wissen über die Aufzucht des fleischliefernden Tieres, muß man wissen, daß der Hochrücken eines Schweizerrindes in Deutschland in Hals und Brustkern (in Österreich: Tristel und Stichlappen) aufgeteilt wird, muß man etwas über Garmethoden, Kollagene, Proteine und essentielle Aminosäuren wissen, über Würz- und Aromastoffe, ihre Herkunft und die Geschichte ihrer Verwendung?

Indem man zwar solche Gelehrsamkeit als etwas Wesentliches zu gelten berechtigt ist, darf sie jedoch nicht für das Einzige und Höchste gehalten werden, welches sich der Geist zu einem Kunstwerke und zur Kunst überhaupt gibt. Denn die Kennerschaft, und das ist sodann die mangelhafte Seite, kann bei der Kenntnis bloß äußerlicher Seiten, des Technischen, Historischen usf. stehenbleiben und von der wahrhaften Natur des Kunstwerks etwa nicht viel ahnen oder wissen. [4]

*

Allen Künsten ist gleich, daß ihre eigentlichen Schönheiten formaler, nicht inhaltlicher Natur sind. Es ist nicht die Farbe an sich, noch der Stein, denen wir Beifall zollen. Es gibt nicht einen Ton, nicht einen Laut, die unseren Geist ansprechen oder unser Gefühl erregen könnten. Erst die schöpferische Anordnung auf solch und solch eine Weise macht das Material zum Kunstwerk. In gleicher Art ist nicht die Leber des Kalbes schön im Sinne von genußvoll, sondern sie wird es erst durch die Zerstörung der Zellmembrane unter dem Einfluß von Hitze, so daß sich deren Fette, Aminosäuren und Zucker zu großen Molekülen vereinen können, zudem durch Beigaben wie Gewürze und Aromastoffe, und nicht zuletzt durch die Art ihrer Darbietung.

Andererseits aber ist nicht allein die schöpferische Kraft des Künstlers maßgebend für den hohen Stand des Kunstwerks. Mit in sich selbst Plattem, Trivialem, Kahlem und Absurdem läßt sich nichts musikalisch Tüchtiges und Tiefes herauskünsteln; der Komponist mag noch so würzen und spicken, aus einer gebratenen Katze wird doch keine Hasenpastete. [4] Gleichwohl ernten nicht wenige einigen Beifall gerade für dieses Mißverständnis: den schönen Schein. Schönheit ist aber niemals Schein, so wie die ästhetische Wirkung der Bühne gerade nicht auf dem Scheinbaren, sondern auf dem Einverständnis aller in den Anschein beruht. *Ein sterbender Mann ist real. Wenn er zugleich singt, ist die Sphäre der Unvernunft erreicht. Der Grad des Genusses wiederum hängt direkt vom Grad der Irrealität ab.* [5]

Dies allerdings kennt die Kochkunst nicht. Insofern steht die Musik zur Kochkunst im größten Gegensatz. *Ihre Empfindung trifft die menschliche Brust mit jener Intensität, die vom "Begriffe" unabhängig ist.* [3] Die Objekte der Kochkunst hingegen vertreten keine Realität, sie sind körperlich erfahrene Wirklichkeit. Sie bedeuten nicht, sie sind.

*

Dies hat seinen Grund in der Unbedingtheit des Essens. Die Nahrungsaufnahme ist der unvermeidbare Akt, dem wir unser Leben verdanken. Das Feuer der Leidenschaft könnte nicht brennen und der Atem des Geistes nicht wehen, wenn wir nicht äßen. Daher hat das Essen seine Bedeutung in sich, genauso wie die Liebe und wie das Atmen, letzteres sich mit dem Laut unserer Kehle zum Singen verbindet. *Essen, Liebe, Singen und Verdauen, das sind – in Wahrheit gesprochen – die vier Akte der komischen Oper, die "Das Leben" heißt und ver-*

geht, wie der Schaum einer Flasche Champagner. Wer sie verrinnen läßt, ohne sie genossen zu haben, ist ein vollendeter Narr. (6)

Die kursiv gesetzten Passagen sind Zitate aus:
(1) Ferrucio Busoni, "Ästhetik der Tonkunst; (2) Paul Bocuse, "Die Neue Küche"; (3) Peter Hacks, "Versuch über das Libretto"; (4) "Georg Friedrich Wilhelm Hegel, "Vorlesungen zur Ästhetik"; (5) Bertolt Brecht, "Anmerkungen zur Oper Aufstieg und Fall der Stadt Mahagonny"; (6) Gioacchino Rossini, "Briefe".

Verzeichnis der musikalischen und literarischen Namen und Begriffe

Stichwörter in "Anführung" verweisen auf Werktitel, kursiv gesetzte Stichwörter auf Bühnenrollen

A Abbado, Claudio 155
Adam, Adolphe 34
Akustikdesigner 50
Alaska-Wolf-Joe 135
"Albert Herring" 142
Alejchem, Sholem 119, 121
Alidoro 103, 114
Alvaro 23
"Anatevka" 119
Andersen, Ludwig 76
"Angelina" 113
Angelina 115
Apoll 81
Aretin, Christoph Freiherr von 63
"Ariadne auf Naxos" 56
Arietta 173
Arlecchino 42
Arsena 33, 40
Ashman, Howard 101
"Asterix und Kleopatra" 151
Auber, Daniel François Esprit 18
Audrey II 101
"Aufstieg und Fall der Stadt Mahagonny" 92, 133, 169, 176

B "Baal" 53
Baal 45, 53–55
Babinsky 85, 93
Bach, Johann Sebastian 115
Bachmann, Ingeborg 27
"Badner-Lehrstück" 92
"Bajazzo" 128
Bajazzo 128

Balocchi, Luigi 155
Balzac, Honoré de 105
Barbaja 153
Barbara 36–37
"Barbier von Sevilla" 113, 153
Bayard 163, 166
Beat 62
Beatrice 42
"Beggar's Opera" 36, 89
Begonia 27
Belasco, David 87
Bernstein, Elsa 79
Blockx, Jan 61
Bock, Jerry 119
Boito, Arigo 96
Bondini 136
Borodin, Alexander 116
Brecht, Bert(olt) 53, 89, 91, 124, 133, 176,
Bresgen, Cesar 76
Brétigny 18
Briner, André 163
Britten, Benjamin 90, 142
Brocklesby 131
Brunswick, Léon 34
Buffo-Oper 41, 97
"Buona figliuola" 114
Busch, Wilhelm 50
Busoni, Ferrucio 176
Bussani, Francesco 149
Bystrouška 70

C *Campbell 131*
Canio 128
Carafa 113
Caramello 37
Caravadossi 14, 47
"Carmina Burana" 61, 62
Caruso, Enrico 41, 87
Catalani, Alfredo 61, 146
Cenerentola 103, 113
Cerha, Friedrich 53
Chagall, Bella 121
Chagall, Marc 121
Chapelou 33, 35
Ciboletta 37
Civinini, Guelfo 86
Claudius, Matthias 30
Clorinda 114
Colombina 34, 42, 123, 128
Commedia dell'arte 57, 128
Commendadore 138
"Corinne ou l'Italie" 155
"Cosa rara" 137
"Così fan tutte" 136
Crozier, Eric 142
Cuzzoni, Francesca 150
Czipra 39

D "Danae" 167
"Daphne" 81
Daphne 82
Da Ponte, Lorenzo 109, 136, 139
"Das Dorf im Gebirge" 147
"Das lange Weihnachtsmahl" 162
"Das Mädchen aus dem Goldenen
    Westen" 14, 80, 86, 89, 162
"Das schlaue Füchslein" 69
"Das Verhör des Lukullus" 124
Débussy, Claude 105

Deppisch, Walter 168
"Der Bergkönig" 147
"Der Bergsturz" 147
"Der Bürger als Edelmann" 14, 56
"Der Einsiedler auf den Alpen" 147
"Der Fliegende Holländer" 51
"Der Igel als Bräutigam" 76
"Der junge Lord" 14, 27
"Der kleine Horrorladen" 101
"Der Postillon von Lonjumeau" 13, 34
"Der Revisor" 66
"Der Rosenkavalier" 67
"Der Schauspieldirektor" 36
"Der Tyroler Wastel" 147
"Der Zigeunerbaron" 39
Des Grieux 18
Désormays, L.B. 147
Dessau, Paul 92, 124, 163
Deutsche Oper, Berlin 27
Deutsche Staatsoper, Berlin 124
Deutscher Bühnenverein 32
Dhiagilew, Sergej 118
Dick Johnson 87
"Die Alpenhütte" 147
"Die Dreigroschenoper" 89, 92, 133
"Die Entführung aus dem Serail" 162
"Die Hochzeit auf der Alm" 147
"Die Königskinder" 79
"Die Macht des Schicksals" 14, 23
"Die Magd als Herrin" 66
"Die Maßnahme" 92
"Die neugierigen Frauen" 14, 41
"Die Reise nach Reims" 113, 155, 161
"Die Schweizer-Familie" 147
"Die sieben Todsünden" 92
"Die verkaufte Braut" 100
"Die Verurteilung des Lukullus" 92,
    124

"Die Wally" 146
"Die Zauberflöte" 29, 32, 136
"Don Giovanni" 136
Don Giovanni 14, 123, 136, 140
Don Juan 14, 136, 138
Donizetti, Gaetano 116, 146, 162
Dorante 56, 58
Dorata 93
Dorimène 58, 140
Dreieinigkeits-Moses 135
Dudelsack 93

E Edgar, Sir 27
Egk, Werner 66
Eichendorff, Joseph von 51
"Eine Nacht in Venedig" 36
Eisler, Hanns 92
"Elektra" 167
Eleonora 42
English Opera Group 142
Epikur 81
Epische Oper 89, 91
Episches Theater 92, 125

F "Falstaff" 34, 96
Falstaff 85, 97
Farrat, Geraldine 80
Fatty 135
Federico, Gennaro Antonio Federico 66
Feld, Leo 108
Ferretti, Jacopo 113
"Fiddler on the Roof" 119, 121
"Figaros Hochzeit" 138
Fliegender Holländer 52
Friedrich-Wilhelmstädtisches Theater, Berlin 36
Fuge 97, 172

"Fürst Igor" 116
Fürst Igor 103, 117

G Gänsemagd 79
Garcia, Manuel 139
Gay, John 36, 89
Gedge 142
Genée, Richard 36
Ghislanzoni, Antonio 23
Giacosa, Giuseppe 46, 104
Gille, Philippe 17
"Giulio Cesare" 149
Glasunow, Alexander 116
Gluck, Christoph Willibald 116
Glyndebourne 142
Gogol, Nikolaj W. 66
Goldoni, Carlo 41, 114
Goscinny 151
Gräflich Nostitzsches Nationaltheater, Prag 136
Gregor, Joseph 81, 82
Grétry, André 147
Grimm, Gebrüder 72, 74, 114
Grimm, Wilhelm 72
"Guilleaume Tell" 75, 147, 153
Guillot 19
Giuseppe 147

H Hacks, Peter 131, 176
Hagen, Oscar 150
Haibel, Jacob 147
Halévy, Jacques Fromental 18, 100
Händel, Georg Friedrich 36, 89, 143, 149, 162
"Hänsel und Gretel" 32, 71, 73
"Happy End" 92
Harnick, Sheldon 119
Hatheyer, Heidemarie 147

179 (Verzeichnis der musikalischen und literarischen Namen und Begriffe

Hauff, Wilhelm 27
Haydn, Joseph 140, 147
Haym, Nicolò 149
Haymarket Theatre, London 149
Hector 100
Hegel, Georg Friedrich Wilhelm 176
Heise, Peter Arnold 61
Henze, Heinz Werner 14, 27
Herzog von Urbino 33, 36
Hillern, Wilhelmine von 146
Hindemith, Paul 92, 162
Hofmannsthal, Hugo von 56, 67
Hofoper, Dresden 67
Hoftheater, Stuttgart 56
Hoftheater, Weimar 72
Hosea 54
Humperdinck, Engelbert 32, 72, 79,

I Illica, Luigi 46, 104, 146
"I Pagliacci" 128, 169
"I pretendendi delusi" 137
"Il viaggio a Vienna" 155

J "Jacobowsky und der Oberst" 66
"Jaguarita, die Indianerin" 100
Jake Wallace 88
Janáček, Leoš 69
Jimmi 135
Jokai, Maurus 39
Jourdain 45, 56, 140
"Julius Cäsar" 149, 162
Julius Cäsar 149

K Kalomiris, Manolis 61
Kareš, Miloš 93
Keller, Gottfried 108
Kleber, Giselher 66
"Kleider machen Leute" 108

Kleines Festspielhaus, Salzburg 53
Kleopatra 149, 153
Kodály, Zoltàn 61
Komische Oper, Berlin 131
Komtur 137
"König für einen Tag" 34
Königin der Nacht 29
"König Lear" 98
Kontschakowna 117
Korngold, Erich Wolfgang 46
Kreutzer, Konradin 147
Kunz, Erich 38

L "La Bergère des Alpes" 147
"La Bohème" 89, 104
"La Cenerentola" 11
"La clemenza di Tito" 136
"La Dafne" 82
Lady Billows 142
"Land des Lächelns" 36
"La serva padrona" 36, 66
Lasus 124
Launis, Armas Emanuel 61
"Le Comte Ory" 155
Léhar, Franz 36
Leoncavallo, Ruggiero 128
Leonore 23
Leporello 14, 136
"Les Miserables" 32
Leukippos 81
Leuven, Adolphe de 34, 100
Libretto 14, 24, 27, 82, 96, 139, 176
"Linda di Chamounix" 146
Lindpaintner, P.S. von 147
"Lucia di Lammermoor" 162
Lukas 103
"Lukullus vor Gericht" 125
Lukullus 123, 124

Lully, Jean Baptiste 56
Luther, Dr. Martin 51
Lydia Barbent 131

M *Macheath, genannt Mackie Messer 85, 89*
"Madame Butterfly" 87, 162
Madeleine 35
Mahler, Gustav 80
Mann, Heinrich 87
"Manon" 14, 17, 161, 167
Manon 17
"Manon Lescaut" 86, 89, 162
Manon Lescaut 18
Marcel 104
Mariani, Angelo 98
Mariinskij-Theater, St. Petersburg 116
Martin y Soler, Vicente 137
Massenet, Jules 14, 17, 116
Matthäus 103
Matthus, Siegfried 131
Maupassant, Guy de 142
May, Karl 86
Meilhac, Henri 17
Melba, Nellie 130
Menken, Alan 101
Metropolitan Opera, New York 79, 86
Mimì 14, 104
Minnie 87
Miss Wordsworth 142
Molière 56
Monteverdi, Claudio 62
Mörike, Eduard 136
Mose 45
Mozart, Wolfgang Amadeus 17, 29, 30, 32, 36, 61, 116, 123, 136, 162
Mrs. Herring 142
Murger, Henri 104

Murner, Thomas 63
Musical 14, 32, 101, 119, 121
Muzak 139

N Nationaltheater, Mannheim 162
Nedda 128
Neher, Caspar 54
Nettchen 109
Neues Theater Leipzig 133
Nick 87
"Noch ein Löffel Gift, Liebling?" 131

O "Oberon" 162
Octavian 67
Odzemek 93
O'Haras, Saul 131
Opera buffa 36
Opéra comique 36
Opéra Comique, Paris 17, 34
Opera seria 89
Operette 14, 30, 32, 36, 39
Opernhaus, Frankfurt/Main 62
Opitz, Martin 82
Orff, Carl 61, 62
Österreichische Nationalbibliothek 155
Ottokar 40

P *Pantalone 42*
Papageno 13, 30, 32, 99
Pappacoda 37
Paul 133
Peachum 89
Peneios 81
Pepusch, John Christopher 36, 89
Pergolesi, Giovanni Battista 36, 66
Peri, Jacopo 82
"Phantom der Oper" 32

Piave, Francesco Maria 23
Polly 89
Polowetzer Tänze 117
Poquelin, Jean Baptiste 56
Porten, Henny 147
Prévost d'Exiles, Antoine-François 17
Psychoakustik 51
Ptolemäus 150
Puccini, Giacomo
19, 46, 80, 86, 89, 104, 162

R *Ramerrez* 88
Rap 62
Residenztheater, München 41
Ricordi, Giovanni 87, 96, 98
Ricordi, Tito 87
Rimbaud, Jean-Arthur 105
Rimsky-Korsakow, Nikolaj 117
Rinuccini, Ottavio 82
Rolland, Romain 18, 82
Rosaura 42
Rosmer, Ernst 79
Rossini, Gioacchino 26, 74, 113, 147, 153, 155, 176
Rütting, Barbara 147

S Saavedra, Angelo Perez de 23
Sabina, Karl 100
Saffi 40
Saint-Georges 100
Sándor 33, 39
Sarastro 30, 32
Sardou, Victorien 46
Sarti, Giuseppe 137
Sartre, Jean Paul 17
Scarlatti, Alessandro 116
Scarpia 47
Schaunard 104

Schikaneder, Emanuel 29
"Schlagobers" 167
Schloßtheater, Schwetzingen 66
Schmidt 123, 134
Schmidt, Joseph 34
Schneller, Johann Andreas 63
Schopenhauer, Arthur 29
Schütz, Heinrich 82
"Schwanda, der Dudelsackpfeifer" 93
Secco-Rezitative 173
Seguidilla 24
Senesino 150
Serpina 66
Seymour 101
Shakespeare, William 96
Singspiel 29, 36, 89
Smetana, Bedřich 100
Song-Opern 92
Sonora 88
Sparbüchsen-Bill 135
Sperber, Manès 119
Spieloper 34
Staatsoper, Dresden 51, 81
Staatsoper, Hamburg 66
Staatstheater, Stuttgart 66
Stadttheater, Esslingen 76
Staël, Germaine de 155
Stein, Joseph 119
Stendhal, Marie-Henri 114
Sterbini, Cesare 109
Strauss, Richard
14, 56, 67, 80, 81, 83, 167
Strauß, Johann 35, 36, 39
Sugana, Luigi 41

T *Taddeo* 123, 128
Tamino 30
Tafelmusik 58, 123, 137, 139

Tal, Josef 61
Teatro alla Scala, Mailand 23, 96, 128, 146
Teatro Costanzi, Rom 46
Teatro della Valle, Rom 113
Teatro Regio, Turin 104
Teatro San Bartolomeo, Neapel 66
Techno 62
Terasson, Jean 30
Terynka 70
Těsnohlídek, Rudolf 69
Tevje 103, 119
Theater am Schiffbauerdamm, Berlin 89
Theater an der Wien, Wien 39
Theater auf der Wieden, Wien 29
"The long Christmas Dinner" 162
Tisbe 114
"Titus" 29, 172
"Tosca" 46, 167
Tosca 46
Toscanini, Arturo 87, 89
Toulouse-Lautrec, Henri 105
"Trionfi" 61
Tschechische Oper, Brünn 69
Tschechisches Interimstheater, Prag 100
Tschechisches Nationaltheater, Prag 93
"Turandot" 89, 162

U *Uberto 66*
Uderzo 151
"Un giorno di regno" 96

V Van Gogh, Vincent 105
Vargas 23
Vaudeville 36

Verdi, Giuseppe 23, 96, 98, 116, 130, 140
Verlaine, Paul 54, 105
Viehmann, Dorothea 72
Volksoper, Wien 108

W Wagner, Richard 51
Wally 146
Webber, Andrew Lloyd 32
Weber, Carl Maria von 74, 162
Weber, Max Maria von 74
Weigl, Joseph 147
Weill, Kurt 13, 89, 92, 133
Weinberger, Jaromir 93
Weizmann, Chaim 120
"Wenn ich König wär" 34
Wenzel Strapinski 108
Werdenberg, Feldmarschallin Fürstin 67
Werfel, Franz 66
Wette, Adelheid 72
Wiener Staatsoper 155
Wilder, Thornton 162
Wladimir 117
Wolf-Ferrari, Ermanno 41

Z Zangarini, Carlo 86
Zell, Friedrich 36
Zemlinsky, Alexander von 108
Zlatohčívek 70
Zsupán 39

Verzeichnis der kulinarischen Namen und Begriffe

Kursiv gesetzte Stichwörter verweisen auf Rezepte

A Aal 53
Aal "Baal" 55
Agnus Lucullinus 126
Almond Favours 143
Aminosäuren 99, 174, 175
Anellini 98
Apicius, Marcus Gavius 126, 151, 152
Arní mé damáskina ké amíglada 83
Arroz con mejillones 25
Aspik 15
Austern 105
Austern in Essig 88
Austern, mariniert 88

B Backwaren 80
Baiserböden 160
Baisers 157, 161
Bär 64
Bataten 165
Béchamelsauce 20, 79
Beef 144
Bergens Fiskesuppe 53
Bergener Fischsuppe 53
Besenbinder-Vesper 73
Biber 64
Blätterteig 15
Blattspinat mit Pinienkernen 60
Bocuse, Paul 176
Bœf à la Mode 106
Böhmischer Rostbraten 95
Bohnen 35, 72, 104
Bohnen in Tomatensauce 88
Braten 21, 29, 42, 93, 94, 106, 109, 110, 143,
Bratensoße 172

Brathähnchen 78, 123, 128
Brathähnchen Königlich 78
Brathühner 78
Brautschaukuchen 33, 40
Brillat-Savarin, Jean-Anthelme 105, 115, 157
Brot 45, 72, 77, 80, 103, 113, 141
Bruschetta 115
Brustkern 174
Buchweizengrütze 118
Buttersemmeln 119

C Cakes 143
Calzoni 49
Carême, Antonin 105
Carmelline 98
Champagner 19, 107, 109, 176
Cheesey Straws 143
Chicken and Ham 143
Chocolate Dates 143
Chrein-Sauce 121
Cignus buranus 65
Cipolle fritte 49
Currywurst 32
Custard 143

D *Datteln "Kleopatra" 152*
Diät 173
Dobos-Torte 40
Drosseln 58, 64

E Eichhörnchen 64
Eiercreme 161
Eischnee 21, 60, 160, 161
Ente 20, 151

Entenpastete 19
Entensoufflé 20
Erbsen 35, 75
Escoffier, Georges Auguste 105, 130
Espresso 114, 116

F Fasan 14, 97, 118, 136, 138, 157
Fasan mit Granatapfel "Don Juan" 138
Fasanenschlegel 14, 138
Fisch 19, 22, 24, 53, 59, 121, 159
Flamingozungen 151
Fleischpastete 43
Flußhecht 157
Forelle 78, 91
Forelle Mackie Messer 91
Frühstück 19, 66
Fruit Salad 143

G Gaccia, Achile 116
Gans 38, 64, 66
Gänseleberpastete 90, 157
Gastmahl 81, 113
Gebackene Zwiebeln 49
Geeistes Vanille-Baiser 160
Gefillte Fisch 121
Geflügel 63, 128, 164
Gefüllte Teigtaschen 49
Geliermittel 15
Genueser Brot 111
Gespickter Flußhecht in Krebssauce 159
Getrüffelte Wachteln mit Ochsenmark 158
Ginger Bread Nuts 28
Grießschöpfli "Goldach" 111
Grillfleisch 83
Grimod de la Reynière, Alexandre-Balthazar-Laurent 95, 105

Grütze 104, 118
Gugelhupf 168
Gulasch 80
Gurkenbrötchen 132

H Hackfleisch 48, 75
Haferbrei 118
Haferflockensuppe 94
Hähnchen 78
Hähnchen in Aspik 132
Hähnchenbrust 32
Hammelkeule 58
Hecht 121, 159
Heringe 104
High Tea 132
Hirschbraten 104
Hochrücken 174
Hommard froid "Café Momus" 107
Hors d'œuvre 19
Horseradish Sauce 145
Huhn 19, 151
Huhn "Colombina" 129
Huhn "Fronto" 152
Hühnerragout 70
Hummer 19, 104, 118,
Hummer "Café Momus" 107

I Igel 64

J Jellies 143

K Kaffee 72, 103, 113, 114, 116, 168
Kaffeestriezeln 168
Kakao 168
Kalb 134
Kalbsklöße "Mahagonny" 135
Kalbsleber 14, 43
Kaltes Rinderschmorfleisch 106

Kamelfersen 151
Kaninchen 70
Kaninchen Bystrouška 71
Kannibale 100
Kapaun 157
Kartoffelsalat "ägyptische Art" 31
Kascha Gretschnewaja 118
Käse 48, 75, 76, 99, 120, 132
Kirschbaum 125
Kirschbiskuits 127
Kirschen 127
Knoblauchsuppe 14, 24
Kochlöffel 123, 161
Kollagene 165, 174
Konservierungsstoff 80
Kranich 64
Krautfleckerln 71
Krautsuppe 14, 33, 35
Krautsuppe 35
Krebse 19, 78
Kuchen 40, 42, 72, 73, 103, 142
Kurti, Nicholas 21

L Lammfleisch 83, 123, 126
Lammfleisch à la Lukullus 126
Lammfleisch mit Pflaumen und Mandeln 83
Lammkeule italienisch 59
Leber 99, 175
Leberpastete 34
Lebkuchen 17, 28, 74, 168
Lebkuchenhaus 74
Lebkuchenplätzchen 28
Lenticulae 126
Leichenschmaus 124
Lerchen 58, 64
Linsen 126, 151
Linsen Lukullus 126

Lukullus = Lucius Licinius Lucullus
92, 123, 124

M Maccaroni 98
Mandelhörnchen 66
Mandelmilch 25, 112
Manfredi, Girolamo 99
Marinated Oysters 88
Marmeladenbrötchen 66
Marzipan 73, 112, 143, 167, 168
Mayonnaise-Eier 90
Meerrettich 121
Meerrettichsauce 145
Menschenfleisch 99
Miesmuscheln "Ptolemäus" 151
Milchferkel 151
Mituli 151
Mucine 172

N Nieren 99

O Omelett 60
Ötztaler Schweinsstelze 148

P *Palmulae Cleopatra 152*
Pandorato 48
Panettone 89
Paradeissauce 37
Pasas malagueñas 25
Pasta 28, 98
Pastete 15, 44, 109, 111, 158
Pasticcio di carne 43
Pastries with Cream 143
Paté de canard 19
Perche Brétigny 22
Pfannenbrot 48
Pfau 64
Pfirsich Melba 130

"Physiologie des Geschmacks" 115, 157
Pilzgericht 131
Pilzpfanne "Lydia" 132
Pink Blancmange 143
Placentulae Phrygiae 127
Pollo "Colombina" 129
Pommes frites 32
Poularde "Sarastro" 31
Pralinee 168
Propionsäure 80
Proteine 99, 101, 165, 174
Ptyalin 172
Pudding 26, 112, 145
Pullum Frontianum 152

R Räucherfleisch 74
Räucherlachs 66
Ravioli dolci 44
Rebhuhnbrust 167
Reis mit Muscheln 25
Reiskroketten 48
Rheinkarpfen 157
Rheinsalm nach Pfalzgrafenart 58
Rinderbraten 110
Rinderbrust 144
Rinderschmorfleisch 106
Rinderschnitzel 95
Risotto 24
Roast Wild Turkey with Stuffing 164
Rosinenpudding 17, 25
Rotbarsch 22

S Sabbatmahl 103, 121
Sahnetorte 119
Salm 58
Sardellen "Falstaff" 98
Sardellentoast 132

Sauce 20, 21, 33, 36, 38, 107, 161
Sauce Béarnaise 21
Sauerkraut 35, 64, 71
Saurer Braten 110
Sausagey Rolls 143
Schildkröte 151
Schillerlocken 168
Schinken 48, 66, 143
Schlagobers 167
Schmalznudeln 168
Schneebesen 20, 145, 159, 161
Schokolade 67, 73
Schwan 64
Schwan Benediktbeuren 65
Schweinespeck 39
Schweinevulva 151
Schweinsfüße 15, 75
Schweinshaxe 148
Schweinskopf 76
Seedy Cake 143
Seeigel 151
Semmelknödel 95
Sopa de Ajo 24
Sorbinsäure 80
Soufflé 20, 21
Soufflé au canard 20
Soupe aux Choux 35
Spaghetti 41
Spargel 157
Spiced Beef 144
Steak 88
Stichlappen 174
Stracchinikäse 76
Stuffing 164
Suppe 14, 24, 53, 94, 95, 124
Supplì alla romana 48
Süße Teigtaschen 44
Süßkartoffeln 165
Suure Mocke 110

T This-Benckhard, Hervé 21, 165
Tournedos 153
Tournedos Rossini 154
Treacle Tart 143
Trifle 143
Trifle 145
Tristel 174
Trout Mackie Messer 91
Trüffel 75, 158
Truthahn 97, 104, 113, 163, 165

U *Überraschungsomelette 60*

V Vorspeisen 75

W Wachteln 157
Weihnachtsstollen 168
Wiener Feinbäckerei 168
Wildbret 125
Wildputer mit Füllung 164
Wildschweinschinken 151
Würzfleisch vom Rind 144

Z Zepolle alla napoletana 75
Zwetschgenmänner 168
Zwiebeln 15, 22, 31, 38, 49, 65, 66, 72

Die Rezepte

Suppen
Bergens Fiskesuppe 53
Bergener Fischsuppe 53
Haferflockensuppe 94
Knoblauchsuppe 24
Krautsuppe 35
Sopa de Ajo 24
Soupe aux Choux 35

Vorspeisen, Kleine Gerichte
Besenbinder-Vesper 73
Bruschetta 115
Calzoni 49
Entensoufflé 20
Gefüllte Teigtaschen 49
Mayonnaise-Eier 91
Pandorato 48
Pfannenbrot 48
Reiskroketten 48
Semmelknödel 95
Soufflé au canard 20
Supplì alla romana 48

Gemüse und Beilagen
Bataten 165
Cipolle fritte 49
Gebackene Zwiebeln 49
Kartoffelsalat "ägyptische Art" 31
Krautfleckerln 71
Pilzpfanne "Lydia" 132
Süßkartoffeln 165

Fisch, Meeresfrüchte
Aal "Baal" 55
Arroz con mejillones 25
Austern in Essig 88
Forelle Mackie Messer 91
Gefillte Fisch 121
Gespickter Flußhecht in Krebssauce 159
Hommard froid "Café Momus" 107
Hummer "Café Momus" 107
Marinated Oysters 88
Miesmuscheln "Ptolemäus" 151
Mituli 151
Perche "Brétigny" 22
Reis mit Muscheln 25
Rheinsalm nach Pfalzgrafenart 58
Rotbarsch "Brétigny" 22
Sardellen "Falstaff" 98
Trout Mackie Messer 91

Fleisch
Agnus Lucullinus 126
Arní mé damáskina ké amíglada 83
Bœf à la Mode 106
Böhmischer Rostbraten 95
Fleischpastete 43
Kalbsklöße "Mahagonny" 135
Kaltes Rinderschmorfleisch 106
Lammfleisch à la Lukullus 126
Lammfleisch mit Pflaumen und Mandeln 83
Lammkeule italienisch 59
Ötztaler Schweinsstelze 148
Pasticcio di carne 43
Saurer Braten 110
Spiced Beef 144
Suure Mocke 110
Tournedos Rossini 154
Würzfleisch vom Rind 144

Wild und Geflügel

Brathähnchen Königlich 78
Cignus buranus 65
Fasan mit Granatapfel "Don Juan" 138
Getrüffelte Wachteln mit Ochsenmark 158
Hähnchen in Aspik 132
Huhn "Colombina" 129
Huhn "Fronto" 152
Kaninchen Bystrouška 71
Pollo "Colombina" 129
Poullarde "Sarrastro" 31
Pullum Frontianum 152
Roast Wild Turkey with Stuffing 164
Schwan Benediktbeuren 65
Wildputer mit Füllung 164

Süßspeisen und Gebäck

Datteln "Kleopatra" 152
Dobos-Torte 40
Geeistes Vanille-Baiser 160
Genueser Brot 111
Ginger Bread Nuts 28
Grießschöpfli "Goldach" 111
Kirschbiskuits 127
Lebkuchenhaus 74
Lebkuchenplätzchen 28
Mandelmilch 25, 112
Palmulae Cleopatra 152
Pasas malagueñas 25
Pfirsich Melba 130
Placentulae Phrygiae 127
Ravioli dolci 44
Rosinenpudding 17, 25
Schmalznudeln 168
Süße Teigtaschen 44
Trifle 145
Überraschungsomelette 60

Verschiedenes

Buchweizengrütze 118
Chrein-Sauce 121
Horseradish Sauce 145
Kascha Gretschnewaja 118
Meerrettichsauce 145
Paradeissauce 37

Literatur

Becker, Heinz (Hg.): *Die Couleur locale in der Oper des 19. Jahrhunderts*, Regensburg, 1976

Benker, Gertrud: *In alten Küchen, Einrichtung-Gerät-Kochkunst*, München, 1987

Biasci, Claudia: *Das Alte im Neuen. Kulturgeschichte der französischen Küche.* Bielefeld, 1991

Brecht, Bertolt: *Anmerkungen zur Oper "Aufstieg und Fall der Stadt Mahagonny"*, in Brecht, Bertolt: *Der Schnaps ist in die Toiletten geflossen, Berlin 1924–1933*, Leipzig, 1998

Brillat-Savarin, Georges Anthelme: *Physiologie des Geschmacks oder Gedanken zur transzendenten Gastronomie, in gekürzter Form übertragen von Emil Ludwig*, Leipzig, 1913

Busch, Hans (Hg.): *Giuseppe Verdi, Briefe*, Frankfurt am Main, 1979

Da Ponte, Lorenzo: *Mein abenteuerliches Leben*, Reinbek, 1960

Deppisch, Walter: *Richard Strauss*, Reinbek, 1968

Ehlert, Trude: *Das Kochbuch des Mittelalters*, Zürich/München, 1990

Fath, Rolf: *Opern*, Stuttgart, 1997

Höslinger, Clemens: *Giacomo Puccini*, Reinbek, 1984

Homolka, Anita: *Zück die Finger und iß*, Frankfurt am Main, 1989

Klefisch, Walter (Hg.): *Gioacchino Rossini, Ausgewählte Briefe*, Wien, 1947

Kloiber, Rudolf: *Handbuch der Oper*, Regensbuch, 1973

Kühner, Hans: *Giuseppe Verdi*, Reinbek, 1961

Linke, Norbert: *Johann Strauß*, Reinbek, 1982

Lück, Rudolf: *Cesar Bresgen*, Wien, 1974

Mack, Dietrich (Hg.): *Richard Wagner, Ausgewählte Schriften*, Frankfurt am Main 1974

Mennell, Stephen: *Die Kultivierung des Appetits*, Frankfurt (Main), 1988

Moulin, Leo: *Augenlust und Tafelfreuden, Essen und Trinken in Europa – eine Kulturgeschichte*, Steinhagen, 1989

Natan, Alex: *Richard Strauss – Die Opern*, Basel, 1963

Pahlen, Kurt: *Giuseppe Verdi, Die Macht des Schicksals*, Mainz, 1989

Schubert, Giselher: *Paul Hindemith*, Reinbek, 1981

Vollmer, Günter u.a.: *Lebensmittelführer*, Stuttgart, 1995

White, Erich Walter: *Benjamin Britten*, Zürich, 1948

Wolff, Hellmuth Christian: *Geschichte der komischen Oper*, Wilhelmshaven, 1981

Zöchling, Dieter: *Die Oper*, Braunschweig, 1981

Die Beschreibung der Werke und Szenen hinsichtlich Text und Musik folgen der Partitur, dem Klavierauszug oder Textbuch des jeweiligen Musikverlags.